FRIEDBERGER UHREN

Begleitband zur Ausstellung Friedberger Uhren
17. – 19. Jahrhundert

D1694571

Die Stadt Friedberg dankt der
Stadtsparkasse Friedberg für die
finanzielle Unterstützung
bei der Herausgabe des Buches
„Friedberger Uhren".

Kultursponsoring
Sparkasse Friedberg

FRIEDBERGER UHREN

Begleitband zur Ausstellung
Friedberger Uhren
17. – 19. Jahrhundert

16. Mai – 17. Oktober 1993

Adelheid Riolini-Unger
Peter Frieß
Johann Hügin

Heimatmuseum der Stadt Friedberg

© Heimatmuseum Friedberg 1993
1. Auflage 1993 – Alle Rechte vorbehalten

Auslieferung und Verlag:
Hofmann-Verlag GmbH
Postfach 410067
86067 Augsburg
Telefon 0821/2728920
Telefax 0821/2728930

ISBN 3-922865-49-6

Gesamtherstellung: Hofmann-Druck Augsburg GmbH

Das Heimatmuseum dankt für Rat und Hilfe:

Jürgen Abeler, Wuppertal, Dr. H. C. Ackermann, Abegg-Stifung, Riggisberg, Dr. Daniel Alcouffe, Paris, Dr. Wolfram Baer, Augsburg, Manfred Ballweg, Erbach, Dr. Reinhold Baumstark, München, Theodor Bayer, Zürich, Catherine Cardinal, La-Chaux-de-Fonds, Dr. Rudolf Distelberger, Wien, Peter Dziemba, Bad Nauheim, Wolfgang Ekkert, Bonn, Dr. Richard Edgcumbe, London, Dr. Renate Eickelmann, Augsburg, Eszter Fontana, Budapest, István Gajáry, Budapest, Dr. Ernst Gschwind +, Basel, Dr. Veronica Gutmann, Basel, Dr. Tjark Hausmann, Berlin, Pater Gregor Helms OSB, Augsburg, Prof. Dr. Volker Himmelein, Stuttgart, Larissa Jakowlewa, St. Petersburg, Dr. Björn R. Kommer, Augsburg, Hermann Kugler, Karlstein, Tomáš Adam Kupec, Prag, Dieter Landrock, Seifhennersdorf, J. H. Leopold, London, Dr. Eva Marco, Graz, Dr. Klaus Maurice, Berlin, Friedolin Mayer, Friedberg, Giuseppe Brusa und Dr. Alessandra Mottola Molfino, Mailand, Prof. Dr. Richard Mühe, Furtwangen, Dr. Hannelore Müller, Augsburg, Matthias Naeschke, Haigerloch-Weildorf, Giulio Persico, Neapel, Irmgard Rubardt +, Leipzig, Joachim Schardin, Dresden, Dr. Lorenz Seelig, München, Dr. Lubomir Sršeň, Prag, Peter Starsy, Neubrandenburg, Lukas Stolberg, Graz, Fabienne-Xavière Sturm, Genf, Dr. András Szilágy, Budapest, David Thompson, London, Dr. Libuše Urešovà, Prag, Dr. Christian Väterlein, Stuttgart, H. M. Vehmeyer, Belgien, Dr. Heinrich Vit, St. Pölten, Wolfgang Vogt, Mindelheim, Dr. Volker von Volckamer, Harburg, Ruedi Wehrli, Winterthur, Sebastian Whitestone, London.

DIE STADT FRIEDBERG DANKT DEN LEIHGEBERN:

Augsburg
Städtische Kunstsammlungen

Basel
Historisches Museum

Berlin, Staatliche Museen Preußischer
Kulturbesitz, Kunstgewerbemuseum

Furtwangen
Deutsches Uhrenmuseum

Genf
Musée de l'horlogerie et de l'émaillerie

Harburg
Fürstlich Oettingen-Wallerstein'sche
Sammlungen Schloß Harburg

La Chaux-de-Fonds
Musée international d'horlogerie

London
The British Museum

London
Victoria & Albert Museum

München
Bayer. Nationalmuseum

Paris
Musée du Louvre

Prag
Kunstgewerbemuseum

Prag
Nationalmuseum

Seifhennersdorf
Sammlung Landrock

Stuttgart
Württembergisches Landesmuseum

Ulm
Deutsches Brotmuseum

Wien
Kunsthistorisches Museum

Winterthur
Uhrensammlung K. Kellenberger

Privatbesitz, ungenannt

INHALT

VORWORT DES BÜRGERMEISTERS

Seit 1982 präsentiert sich unser im Jahre 1886 gegründetes Heimatmuseum in einem neuen Erscheinungsbild. Im Friedberger Schloß, das im Eigentum des Bayerischen Staates steht, konnten ausreichende Räume angemietet werden, um die nicht unbedeutenden Bestände unserer heimatlichen Volkskultur aus ihrer früheren Enge herauszuführen und in angemessenem und modernem Rahmen auszustellen. Seit der Wiedereröffnung ist die Trägerschaft vom Heimatverein, der sich in den vielen zurückliegenden Jahren um die Mehrung und Betreuung der Museumsschätze sehr verdient gemacht hat, in die Obliegenheit der Stadt Friedberg übergegangen. Als nichtstaatliches Museum hat diese Einrichtung – wohl zurecht – den Status eines Schwerpunktmuseums.

Mit der rührigen Leiterin des Museums, Frau Dr. Adelheid Riolini-Unger, konnte eine Fachkraft engagiert werden, die ihre Arbeit nicht als Broterwerb, sondern als persönliche Aufgabe betrachtet. Was in der Vergangenheit an Beständen zusammengetragen wurde, erfuhr unter ihrer fachmännischen Leitung gezielte Vertiefung und Erweiterung.

Einer der Schwerpunkte, die hier zu Buche schlagen, ist das interessante Gebiet des Friedberger Uhrmacherhandwerks. Die Neuerwerbungen zu den bereits vorhandenen Stücken erstaunen durch ihre hohe technische aber auch ästhetische Qualität. Sie wurden zur Grundlage für weiterführende wissenschaftliche Forschungsarbeiten, deren erste Ergebnisse nun bereits in erstaunlicher Fülle vorliegen. Besonders erwähnt seien die Kutschen- oder Karossenuhren, die als eine Spezialität Friedberger Handwerkskunst gelten.

Das vorliegende Werk soll einen Überblick über das Friedberger Uhrmacherhandwerk und seine heute in alle Welt verstreuten Zeugnisse geben. Es ist gedacht als Begleitbuch zur Ausstellung „Friedberger Uhren", die vom 16. Mai bis 17. Oktober 1993 in den Räumen des Heimatmuseums im Schloß stattfindet.

Ich wünsche, daß beides – Buch wie Ausstellung – zur Freude unserer Friedberger Bürgerschaft und aller Gäste aus nah und fern, sowie zur Bereicherung der Wissenschaft beitrage.

a. kling

Albert Kling
1. Bürgermeister

GRUSSWORT

Als an mich die Frage gerichtet wurde, ob die Stadtsparkasse Friedberg die Patenschaft für dieses Begleitbuch zur Ausstellung „Friedberger Uhren" übernehmen möchte, habe ich gerne ja gesagt. Auch als ein Freund alter Friedberger Uhren freue ich mich, einen Beitrag zum Gelingen dieser Ausstellung leisten zu können.

Die rd. 200 Jahre andauernde Tradition der Friedberger Uhrmacher ist ohne Beispiel. Sie sind Handwerker ihrer Zeit mit Anspruch auf hohe Qualität und künstlerische Gestaltung gewesen. Sie haben wertvolle Exponate geschaffen und ihre Werke nicht nur in unserer Region verkauft, sondern in verschiedene europäische Länder exportiert. Und einige Friedberger Uhrmacher sind die ersten gewesen, die sich auch auf die Herstellung von bestimmten Teilen spezialisiert haben. Eine Arbeitsweise, wie sie der heutigen modernen Zeit entspricht und im Jahr des Beginns des europäischen Binnenmarktes nicht besser hätte sein können.

Die Tradition und der Anspruch zur überdurchschnittlichen Leistung paßt auch in unsere heutige Zeit und entspricht der täglichen Herausforderung meines Hauses. Schade nur, daß 1865 – im Gründungsjahr der Stadtsparkasse Friedberg – die Tradition der Friedberger Uhrmacher schon niedergegangen war.

So wünsche ich der Ausstellung „Friedberger Uhren" viel Erfolg. Möge sie und das vorliegende Begleitbuch Beachtung und Interesse bei unseren heimischen Bevölkerung und über unsere Grenzen hinaus finden.

Friedberg, im Mai 1993

Hans Deiml
Vorsitzender des Vorstands
der Stadtsparkasse Friedberg

EINFÜHRUNG

Dieses Buch soll in erster Linie eine Bestandsaufnahme aller bisher bekannten Friedberger Uhren sein. Eine Vorstufe zu diesem Ziel war eine Uhrenausstellung im Heimatmuseum vor drei Jahren, die allerdings nur die Altbestände und Neuerwerbungen des Museums vorstellte. Sie trug aber dazu bei, daß unsere Absicht in weiteren Kreisen bekannt wurde, so daß sich mir daraufhin neue Informationen erschlossen. Manche Anregung und manchen Hinweis verdanke ich meinen freundschaftlichen Kontakten zu den „Freunden alter Uhren", dem historisch-wissenschaftlichen Fachkreis in der Deutschen Gesellschaft für Chronometrie. Eine weitere Absicht bestand darin, die Friedberger Uhrmacher mit ihren Biographien möglichst lückenlos zu ermitteln, daneben auch, alle das Handwerk betreffenden Sachverhalte aus den spärlichen Quellen aufzudecken. Nicht vorgesehen war es, die Technik und Technikgeschichte zu behandeln. Was diesen Aspekt im allgemeinen betrifft, so existieren hierüber bereits ausgezeichnete Fachbücher. Die ersten 13 Nummern des Katalogs sind, mit Ausnahme der Äquatorialsonnenuhr von Xaver Happacher, keine Erzeugnisse Friedberger Uhrmacher. Da sie aber zum alten Museumsbesitz gehören und wohl aus Friedberger Uhrmachernachlässen stammen, wollte ich auf diese in das Thema einführenden Geräte nicht gerne verzichten. Ähnlich verhält es sich mit den zum Ausklang vorgestellten Werkzeugen.

Die Erscheinung dieses Buches wird von einer Ausstellung Friedberger Uhren begleitet, die zu diesem Zweck aus halb Europa ausgeliehen wurden. Das Buch versteht sich nicht eigentlich als Ausstellungskatalog, sondern, darüber hinausgehend, als ein Bestandsverzeichnis. Um aber den Bedürfnissen des Ausstellungsbesuchers gerecht zu werden, wird durch ein eigens aufliegendes Beiblatt die Verbindung zu den Exponaten hergestellt. Erstmals sind Biographien Friedberger Uhrmacher zusammengestellt, basierend auf archivalischen Forschungen. Katalog und Biographien sind alphabetisch aufgebaut.

Mir liegt am Herzen, an dieser Stelle all denen, die mich bei der Erstellung des Buches und bei der Vorbereitung und Durchführung der Ausstellung unterstützt haben, meinen Dank auszusprechen. Er gilt als erstes dem Präsidenten der Deutschen Gesellschaft für Chronometrie und Leiter des Deutschen Uhrenmuseums in Furtwangen, Herrn Prof. Dr. Richard Mühe für seine Leihgaben und seine Bereitschaft, das Regionaltreffen der Freunde alter Uhren nach Friedberg einzuberufen. Er gilt meinen Mitautoren, Herrn Johann Hügin, Lörrach, für die Bearbeitung des Katalogteils für Sonnenuhren und astronomische Instrumente sowie unserem langjährigen Uhrenkonservator, dem Uhrmachermeister, Mitarbeiter am Deutschen Museum München und seit kurzem Doktor der Kunstgeschichte, Herrn Dr. Peter Frieß in München. Er zeichnet für die Erstellung des technischen Teils des Katalogs verantwortlich und stand mir bei Bedarf jederzeit mit seinem Fachwissen bei. Herrn Wolfgang Vanoli, Freiburg, danke ich für seine praktische Hilfe an den Turmuhren. Für die Rekonstruktion des Fragments unseres Torquetums nach Zeichnungen von Herrn Hügin danke ich Herrn Rolf Schmid, Altensteig-Berneck.

Danken möchte ich allen Kollegen in den Museen des In- und Auslandes sowie einer Reihe von Privatpersonen, die ungenannt bleiben wollen, daß sie meinen Ausleihwünschen bereitwillig nachgekommen sind, sowie Herrn Christian Pfeiffer-Belli, Chefredakteur der Zeitschrift „Uhren" im Callwey-Verlag, München, und den Damen und Herren der Presse, Herrn Dr. Gernot Kirzl, Augsburg und Herrn Andreas Schmidt, Friedberg.

Schließlich habe ich noch zu danken den Archivaren des Stadtarchivs, Herrn Georg Kerle und des Pfarrarchivs, Herrn Dr. Hubert Raab in Friedberg für steten Rat und Hilfe, meinen Mitarbeitern, Herrn Hans Beil und seiner leider viel zu früh verstorbenen Gattin für ihren engagierten Einsatz, Frau Sabine Kube und Frau Jutta Wacker für ihre Mithilfe bei den Vorbereitungsarbeiten, der Innenarchitektin Frau Margarete Kolb-Maier und ihren Mitarbeitern, den Herren Köhler und Herbst, Werkstatt für Gestaltung, sowie unserem Sekretariat mit Frau Barbara Winterholler und Frau Christine Greinbold für die jederzeit prompte Erledigung vieler Schreibarbeiten und mancher organisatorischer Fragen. Herrn Rudolf Höfler, Schrobenhausen, danke ich für seine spontane Bereitschaft, das layout des Buches zu übernehmen und der Druckerei Hofmann für die zuvorkommende und sachverständige Drucklegung.

Besonders aber habe ich unserem 1. Bürgermeister, Herrn Albert Kling, und dem gesamten Stadtrat dafür zu danken, daß sie meine Arbeit mit so viel Verständnis unterstützend begleitet haben und mir die finanzielle Basis für viele interessante Erwerbungen und jetzt für die doch recht aufwendige Gestaltung unserer Ausstellung geschaffen haben. Gleiches gilt für den Direktor der Stadtsparkasse Friedberg, Herrn Hans Deimel – selbst ein Uhrenfreund – und seinen verantwortlichen Mitarbeitern für die Finanzierung des vorliegenden Buches.

Ein Buch wie dieses kann nicht als abgeschlossenes Werk betrachtet werden. Sein Vorhandensein soll vielmehr zu weiterer Forschungsarbeit anregen. In diesem Sinne bin ich für alle Hinweise dankbar, die mich zu weiteren Erkenntnissen führen und mir zur Fortführung meiner Arbeiten dienlich sein können.

Als Titelmotiv haben wir eine Abbildung des griechischen Gottes Chronos gewählt. Sie befindet sich auf einem Krug der ehemaligen kurbairischen Fayence-Manufaktur im Friedberger Schloß und schlägt damit eine Brücke zum zweiten Schwerpunkt des Heimatmuseums, den Friedberger Fayencen.

Adelheid Riolini-Unger

GESCHICHTE

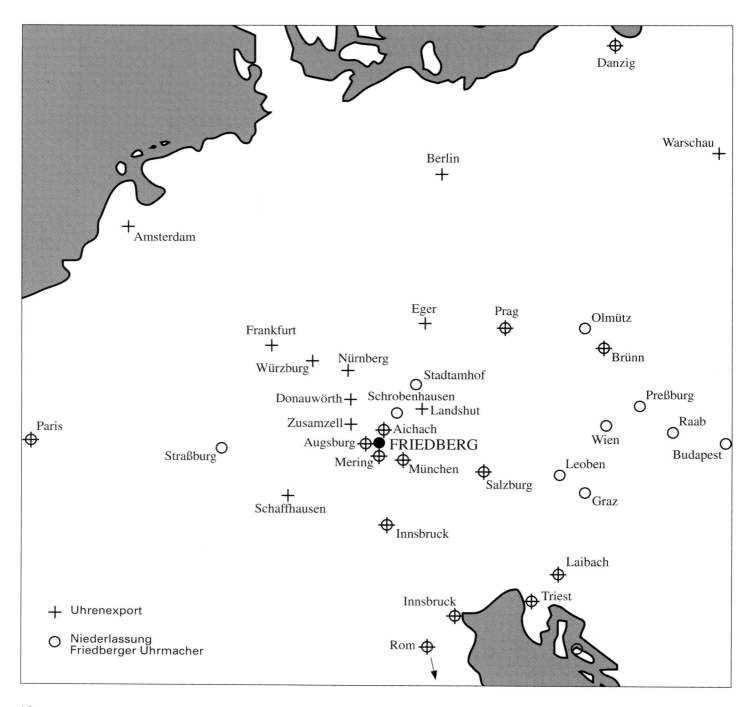

Danzig

Warschau

Berlin

Amsterdam

Eger   Prag   Olmütz

Frankfurt   Brünn

Würzburg   Nürnberg   Preßburg

Stadtamhof   Raab

Donauwörth   Schrobenhausen   Landshut

Paris   Zusamzell   Aichach   Wien

Straßburg   Augsburg   **FRIEDBERG**   Budapest

Mering   München   Leoben

Salzburg   Graz

Schaffhausen

Innsbruck

Laibach

Innsbruck   Triest

Rom

+ Uhrenexport

◯ Niederlassung
  Friedberger Uhrmacher

FRIEDBERG ALS UHRMACHERSTADT

Die wittelsbachische Grenzstadt Friedberg[1] verdankt ihre Entstehung militärisch-strategischen Überlegungen. Dennoch war sie von Anfang an auch auf wirtschaftliche Konkurrenz mit der alten Bischofs- und aufstrebenden Bürgerstadt Augsburg angelegt, selbst wenn es die Stadtgründer – der Stauferkönig Konradin und Herzog Ludwig II, der Strenge – in ihrer Urkunde von 1264 nicht an beschwichtigenden Worten im Blick auf Augsburg fehlen ließen. Die Lage an der alten Salzstraße von Reichenhall nach Ulm, die Möglichkeit eines Brückenzolls am Grenzflusse Lech, das stillschweigende Angebot an Veränderungswillige, sich in dem jungen Gemeinwesen niederzulassen und das für die Lebensmittelversorgung einer großen Stadt wie Augsburg notwendige agrarische Hinterland trugen zwangsläufig den Keim zu mannigfaltigen Rivalitäten in sich. Einerseits lag Augsburg mit seinen weitreichenden Beziehungen zu nahe, als daß sich Friedberg hätte frei und ungehindert entfalten können, andererseits war die wittelsbachische Neugründung auf Neubürger angewiesen und bemühte sich dementsprechend um Attraktivität, indem sie die zur Gründung und Erhaltung einer Existenz erforderlichen Bedingungen nicht eben sonderlich hoch schraubte und so von Augsburg Kräfte abzog.

Während es je nach den häufig wechselnden Herrschafts- und Machtverhältnissen im Augsburger Großraum zu unterschiedlichen Koalitionen und Zwisten kam, in deren Folge sich grausame kriegerische Exzesse und unzählige Plänkeleien ereigneten, entwickelte sich unterderhand zwischen den beiden ungleichen Städten ein modus vivendi, der letztlich beiden zum Vorteil gereichte. Wirtschaftlicher Pragmatismus verstand es in mehr als einem Falle, obrigkeitlichen Verordnungen ein Schnippchen zu schlagen und hemmende Zunftvorschriften zu unterlaufen. Für Augsburg bedeutete Friedberg ein Billiglohngebiet, dessen Handwerker, vor allen in den Zeiten der Hochkonjunktur, als Zuarbeiter geschätzt waren.

In die Umbruchzeit des ausgehenden Mittelalters fällt die Erfindung der federangetriebenen tragbaren Uhr. Die Faszination, die von diesen Wunderwerken der Technik auf die Menschen der damaligen Zeit ausging, hängt mit der von Hierarchien geprägten Vorstellung der Welt als einem ablaufenden Uhrwerk zusammen. Neben exotischen Dingen aus aller Welt füllten astronomische Instrumente und Automatenwerke die Kunst- und Wunderkammern der Fürsten.

Den Renaissanceherzögen Wilhelm IV., Albrecht V. und Wilhelm V. mag die verführerische Nähe Friedbergs zu der alten Kulturmetropole Augsburg kein geringes Stimulans für ihr angeborenes Kunst-, Sammel- und Repräsentationsbedürfnis gewesen sein. Ihre häufigen prachtvollen Auftritte mit dem gesamten Hofstaat brachten Leben, Betrieb und Geld in das Städtchen. Die im Verkehr mit Augsburger Patriziern, Künstlern und Kunsthandwerkern geweckten Bedürfnisse suchten nach Befriedigung. Was lag näher, als sich Fachleute von jenseits der Grenze zu besorgen, um sie unter günstigeren ökonomischen Bedingungen in der eigenen Einflußsphäre arbeiten zu lassen? Aus dieser Epoche sind die ersten Hinweise auf Uhrmacher in Friedberg bekannt[2]. Leider haben sich nur wenige zeitgenössische Archivalien erhalten, weil die Bestände in den vielen Kriegswirren untergegangen sind.

In Friedberg existierten bereits einige Uhrmacher, als sich dort im Jahre 1565 oder 1566 der aus Liegnitz stammende Uhrmachergeselle Georg Roll niederließ. Roll gehörte zu den begabtesten und vor allem geschäftstüchtigsten Uhrmachern seiner Zeit. Obwohl er nicht die Meistergerechtigkeit besaß, da es ihm offenbar widerstrebte die hierfür erforderliche pedantische Kleinarbeit auszuführen, konnte er sich unter der schützenden Hand Albrechts V. in Friedberg selbständig machen, da er es verstand, die Erzeugnisse der anderen Meister weiterzuveräußern. Er setzte sie in der weiteren Umgebung, am Münchener Hof, auf den Augsburger Dulten und auf einer Reise nach Italien ab. Selbst Kaiser Rudolf II. und der Prager Hof gehörten zu seinen Kunden. In seiner Friedberger Werkstatt beschäftigte er auch Augsburger Gesellen, was ihm den drastischen Unmut der Augsburger Meister zuzog[3]. Trotz Rolls ständiger Querelen mit der Augsburger Zunft bemühte sich Friedberg aber, ein gutnachbarliches Verhältnis aufrechtzuerhalten.

Freilich darf nicht übersehen werden, daß die Künstler und Kunsthandwerker, die sich in Friedberg unter herzoglichem Schutz niederließen, diesen Aufenthaltsort oft nur als Wartestation oder als Sprungbrett für die ersehnte Niederlassung in Augsburg benützten. Mit Unterstützung Herzog Albrechts gelang auch Roll schließlich im Jahre 1578 die Aufnahme als Augsburger Bürger. Aus seiner Friedberger Zeit ist bisher leider keine Uhr identifizierbar, nicht einmal eine der Uhren, die er für den Münchener Hof fertigte. Vielleicht aber gehen auf seine Reisen an den Kaiserhof und auf die Kontakte, die er dort mit anderen Potentaten des östlichen Europa pflegte, die späteren Wanderwege mancher Uhrmachergesellen nach Prag, Danzig, Wien und Graz zurück.

Aus dem 16. Jahrhundert ist außer Georg Roll, der 1592, erst 46jährig vermutlich an der Pest verstarb, in Friedberg nur noch der Großuhrmacher Conrad Thanhamer bekannt. Er lieferte im Jahre 1598 das heute verschollene Werk für die Kissinger Kirchenuhr[4]. Auch die Zeit des Dreißigjährigen Krieges ist in Hinsicht auf die Friedberger Uhrmachertradition noch weitgehend unerforscht, obwohl eine Anzahl von Uhrmachernamen schon auf eine rege Tätigkeit schließen läßt[5]. Während aber in Augsburg trotz des Krieges weiterhin hochwertige Kunstgewerbeartikel und Instrumente hergestellt wurden, scheint – wenigstens zeitweise – in Friedberg die Uhrenproduktion zum Erliegen gekommen zu sein.

Zweimal, nämlich 1632 und 1646 wurde das Städtchen völlig zerstört und die Bevölkerung dezimiert. Einige Friedberger Uhrmacher suchten, sehr zum Verdruß der Konkurrenz, in Augsburg Zuflucht zu finden. Im Jahre 1648 legten Bürgermeister und Räte der Stadt Friedberg beim Augsburger Rat ein Wort für diese „vertriebene Leith und arme Exulanten" ein und führten aus, daß sie sich „aus Not gezwungen und nit freiwillig, wie man meinen mechte", nach Augsburg begeben haben. Die Arbeit in Augsburg hatte für sie aber durchaus positive Aspekte, da sie hier Ätzer, Stecher, Goldschmiede und Drechsler gleich bei der Hand hatten. Zudem scheinen sie verbotswidrig ihre Erzeugnisse als Augsburger Ware gekennzeichnet und hausiererenderweise feilgeboten zu haben, wie aus einem Beschwerdebrief der Augsburger Zunft hervorgeht[6].

Während sich Friedberg von den Zerstörungen des Krieges langsam erholte, tauchen erstmals in den Quellen Namen von Uhrmachern in größerer Zahl auf. Aus den ab 1635 existierenden Archivalien, vor allem Pfarrmatrikel, erfährt man, daß nicht wenige Uhrmacher ein öffentliches Amt, bis hinauf zum Bürgermeister bekleideten, was für ihr hohes Ansehen spricht. Die Berufsbezeichnung variiert in den Urkunden zwischen horologiarius, horologifex, Kleinuhrmacher und Uhrmacher. Nur in einem Falle wird ein Uhrmacher als Groß- und Kleinuhrmacher bezeichnet[7]. Die Unterscheidung zwischen Klein- und Großuhrmacher ist in der wissenschaftlichen Terminologie nicht ganz eindeutig festgelegt. Normalerweise werden die am Körper getragenen Uhren zu den Kleinuhren und Uhren, die man auf Möbel oder direkt auf den Boden stellt oder auch an die Wand hängt, zu den Großuhren gezählt[8]. In Friedberg aber werden alle Uhrmacher, auch solche, die Stutz-, Teller- oder Standuhren herstellten, zeitgenössisch als Kleinuhrmacher bezeichnet. Vielleicht rührt dies daher, daß es sich bei den größeren Uhren mehr um Gelegenheitsarbeiten handelte.

Eine besondere Spezialität Friedberger Uhrmacher stellen die Kutschen-, Karossen oder Satteluhren dar. Wenn auch die frühen Vertreter dieser Spezies in Augsburg entstanden sind, so entwickelten sie sich in Friedberg ab 1680 innerhalb eines Zeitraumes von achtzig bis hundert Jahren zu einem bedeutenden Erwerbszweig. Die besten Uhrmacher Friedbergs befaßten sich mit ihrer Herstellung. Dank ihres gegenüber den Taschenuhren größeren Formats konnte an ihnen auf besonders eindrucksvolle Weise die ganze arbeitsintensive Kunstfertigkeit der Zunft demonstriert werden. Dementsprechend dienten diese Zeitmesser nicht nur praktischen Bedürfnissen sondern mindestens ebensosehr zu Repräsentationszwecken.

Über die gesamte Zeit der Friedberger Uhrenherstellung kann eine stark arbeitsteilige Produktion beobachtet werden. Durch Spezialisierung und die Verlagerung bestimmter Herstellungsprozesse auf geeignete und doch billigere Personen konnten geringere Entstehungskosten mit höherer Qualität vereint werden. Neben geschickten Ehefrauen und Töchtern wirkten Federmacher, Graveure, Zifferblattstecher, Spezialisten für Spindelkloben und -brücken, Zeigermacher und Silberschmiede am Entstehungsprozeß mit[9]. Die Herstellung der filigranen Kloben und Zeiger verselbständigte sich sogar so weit, daß sich diese zu wichtigen Exportartikeln entwickelten, die bis nach Paris und London gehandelt wurden.

Im Vorwort eines „Biblische Sack-Uhr" betitelten Traktats schreibt der Friedbergische Benefiziat und Hobby-Uhrmacher Eustachius Weinmayr im Jahre 1768: *Wann ein gelehrter Scribent die Stadt Rom die grosse Fischer-Herberg (verstehe Seelen-Fischer) hat nennen dürffen, kan mir nicht unerlaubt sein der Stadt Fridberg den Nahmen der grossen Uhrmacher-Herberg in Teutschland beyzulegen,* und fährt fort: *Muß bekennen, eine grosse Wohlthat ist, in einer Churfürstlichen Granitz-Stadt Fridberg wohnen, wo das edle Bayrn, und holdselige Schwaben-Land einander die Händ bieten; wo Augsburg und Friedberg, wie zwey verliebte Schwestern, gleichsam einander den Friedens Kuß geben ..... Zwey Stuck Hochgeehrte Herren machen unsere Stadt groß und berühmt: Gunst und Kunst. Unter Gunst verstehe ich die besondere diser Stadt vergünstigte Freyung; und durch die Kunst die Uhrmacherey. Die Gunst macht Fridberg zu einer fast allgemeinen Zuflucht-Stadt, und die Kunst zu einer ungemeinen Wunder-Stadt.*[10].

Die sorgfältige handwerkliche Herstellungsweise der Einzelteile wurde zum Qualitätszeichen Friedbergs und machte die Stadt mit ihren Uhrmachern weit über die eigenen Mauern hinaus bekannt. Im besonderen scheint dieses Phänomen aber eine Entwicklung des 17. und 18. Jahrhunderts gewesen zu sein, als sich das Interesse des Münchener Hofes infolge anderer politischer Perspektiven von Friedberg wieder abgewandt hatte und deshalb die adelige Käuferschicht ausblieb. Schon ab dem 17. Jahrhundert mußten sich die Uhrmacher dem bürgerlichen Markt zuwenden, was zwar eine Steigerung der Quantität zur Folge hatte, notgedrungen aber mit einer Einbuße an Originalität und Exklusivität erkauft werden mußte. Schließlich wurde gegen Ende des 18. Jahrhundert die einstige Stärke vollends zur Schwäche, als anderenorts, vor allem in England, Frankreich und in der Schweiz, schon die frühindustrielle maschinelle Produktion einsetzte und mit mechanischen Verbesserungen höhere Ganggenauigkeiten erzielt wurden.

Noch 1811 weist ein Gutachten des kurfürstlichen Landgerichts darauf hin, daß man allerorten Friedberger Uhrmachersöhne wegen ihrer Geschicklichkeit sehr gerne als Meister aufgenommen habe, daß es in Österreich keine bedeutende Stadt gebe, wo nicht ein Uhrmachersohn von Friedberg ansässig sei und selbst in Rom, Venedig, Paris und Straßburg aus Friedberg gebürtige Uhrmacher tätig seien. Der Wohlstand werde jedoch untergraben, seitdem minderwertige Waren aus neugegründeten Uhrenfabriken der Schweiz und Frankreichs eingeführt würden. Von 50 ansässigen Uhrmachern würden nur noch 15 ihr Gewerbe mühsam fortführen, während sich die restlichen als Taglöhner mühsam ihr Brot verdienen müßten. – Die Uhr wurde, insbesondere in ihrer Erscheinungsform als Taschenuhr, zu einem Massenartikel.

Während in der ersten Hälfte des 18. Jahrhunderts noch sorgfältig, phantasievoll und aufwendig gearbeitet wurde – als ein Beispiel seien die Taschenuhr des Kleinuhrmachers und Bürgermeisters Balthasar Schaller, um 1730, und eine Automatenuhr von Philipp Happacher erwähnt –, werden die Werke ab den 1780iger Jahren immer einfacher und schematischer. Noch bis in das 19. Jahrhundert hinein werden Spindeluhren hergestellt, obwohl die präzisere Zylinderhemmung inzwischen anderwärts bereits zum Standard gehört. Aus heutiger Erkenntnis kann also zusammenfassend gesagt werden, daß sich das Friedberger Uhrmachergewerbe nicht durch Erfindungsreichtum und technische Entwicklung komplizierter Werke auszeichnete, sondern durch die solide, zuverlässige Handarbeit in ansehnlicher, oft sogar kunstvoller Manier. Die Zeit von ca. 1680 bis 1850, insbesonere die erste Hälfte des 18. Jahrhunderts, brachte der Stadt Friedberg durch die Uhrmacher Wohlstand und Ansehen. In der zweiten Hälfte konnte mancher Uhrmacher nur noch bestehen, weil er neben seinem Handwerk eine kleine Landwirtschaft betrieb oder anderweitig, zum Beispiel als Wein- oder Metschenk, einem Nebenerwerb nachging[10]. Daß sich das Gewerbe überhaupt noch bis in das 19. Jahrhundert hinüberretten konnte, lag an der vergleichsweise bescheidenen Lebensführung der Uhrmacher.

Ansicht der Stadt Friedberg von Norden aus freyer Hand gezeichnet von Xaver Happacher.

DAS UHRMACHERHANDWERK IN FRIEDBERG

Die frühen astronomischen und planetarischen Uhren des 16. Jahrhunderts waren individuelle Leistungen und in ihrer Zeit singulär. Der alltägliche Uhrenbau wiederholte dagegen Gehäuseformen und dazu korrespondierende Werktypen[13]. Für Augsburg sind die frühesten Uhren – wohl gewichtsangetriebene Räderuhren – für die zweite Hälfte des 14. Jahrhunderts archivalisch bezeugt. Dort läßt sich die früheste Aufnahme eines Uhrmachers in die Schmiedezunft für das Jahr 1441 belegen[14]. Noch im 16. Jahrhundert waren die Uhrmacher in der Großzunft der Schmiede, zu der auch die Schlosser, Büchsenmacher, Ring- und Windenmacher zählten, inkorporiert. Deren erste Handwerksordnung von 1551/54 war eine Artikelsammlung mit nur wenigen, die Uhrmacher speziell betreffenden Aussagen. Die zweite Handwerksordnung, zurückgehend auf das Jahr 1650, war dagegen eine sehr differenzierte Satzung, die bereits die Teilung in Groß- und Kleinuhrmacher beinhaltete.

Es ist anzunehmen, daß sich in Friedberg das Uhrmacherhandwerk parallel zu Augsburg, wenn auch in bescheidenerem Rahmen und mit einer gewissen Phasenverzögerung entwickelt hat, doch ist über die Frühzeit sehr wenig bekannt, da infolge der Verheerungen des Dreißigjährigen Krieges fast alle Archivalien vernichtet wurden[15]. Lediglich in einem Briefprotokoll von 1598 wird ein gewisser Conrat Thanhamer erwähnt, der für Kissing eine Kirchenuhr geliefert hat[16].

Vierzig Jahre nach der oben erwähnten ersten Augsburger Handwerksordnung bestätigt im Jahre 1692 Kurfürst Maximilian II. Emanuel in München die frühesten bekannten Handwerksartikel der Friedberger Uhrmacher. Diese werden am 1. Juni 1719 in 40 Artikeln neu abgefaßt und von ihm erneut bestätigt, mit dem Wunsche, daß das *gesambte Handwerck der Klein- und Grossuhrmacher, dann Schlosser und Pixenmacher unserer Statt Fridberg* jederzeit geschützt und geschirmt sein solle[17]. In den Statuten kommt, wie üblich, die Verantwortung für die materielle wie auch für die religiöse Existenz der Mitglieder und ihrer Familien zum Ausdruck: Daseinsvorsorge und ewiges Seelenheil sind die Grundpfeiler des zünftischen Sozialsystems. Obwohl das Friedberger Uhrmacherhandwerk nie in einer eigenständigen Zunft zusammengeschlossen, sondern in den metallverarbeitenden „Hammerlzünften" vereinigt ist, hebt es sich innerhalb dieser doch durch eine gewisse elitäre Haltung heraus. Die Tatsache, daß häufig Uhrmacher das Amt des Bürgermeisters bekleiden, ist ein Hinweis darauf, daß sie zur örtlichen Intelligenz zählen. Als Indiz für die große Eigenständigkeit innerhalb der Zunft dürfte auch eine nicht datierte Abschrift – von der Abschrift des Jahres 1692 – aus der Zeit um 1720 zu werten sein, die von den ursprünglich 40 Artikeln nur diejenigen 17 selektiert, welche sich auf die Uhrmacher beziehen. Sie wurde von dem Stadtschreiber Endres geschrieben und von dem Zunftmeister Michael Brosy (gest. 1733) und dem Viertelmeister Johann Kohremann, wohl Johann Georg Kornmann (gest. 1743) unterzeichnet.

Nachfolgend soll diese Niederschrift[18] wiedergegeben werden, wobei wichtige Abweichungen gegenüber der Urschrift in eckige Klammern gesetzt sind. Der als sogenannter *Dinzeltag* festgesetzte jährliche Festtag mit Zunftgottesdienst, Prozession und Gedenken an die *verstorbenen Manns- und Weibs Persohnen* sind folgerichtig in der Abschrift nicht eigens erwähnt, da er die gesamte Hammerlzunft betrifft.

Handwercks Ordnungs Abschrift eines Ehrsamben Handtwercks der Clain und Großen Uhrmacher in der churfürstlichen Statt Fridtberg

1. *Sovill die Lehrjungen anbetrifft, sollen alle Pueben, sye sind gleich bey denen alhiesigen Maistern oder in anderen Stötten und Märckhten, sowohl die Fremden als Bürgerskinder, wan sye alhier zu Fridtberg einkhommen wollen, von der Zeit an, als sye von denen Maistern*

Stubenzeichen der Hammerlzunft, 1840

auf das Handtwerck aufgedinget werden, drey Jahr lang unausgesözt aneinander lehrnen, wie Handtwerksbrauch ist, und wan ein Maiser ainen Lehrjungen vor offener Laden aufdingt, so gübt er in die Handtwerksladen zway Pfundt Wax, das Pfundt pro 10 Kr. und der Lehrjung 4 Pfundt Wax. Wan er ausgelehrnt hat, gibt der Maiser widerumb 2 Pfundt: und der Lehrjung 4 Pfundt Wax, als dan der Lehrjung vor offner Laden ledig gezöhlt und in das ordtentliche Zunft- oder Handwercksbichl eingeschriben soll werdten. Jedoch soll kein Maister ainen angenommenen Lehrjungen langer nit als vier Wochen auf der Prob halten.

2. Ein jeder, welcher erstandtnermaßen ausgelehrnt hat, keinen ausgenommen, sowohl ain Maisters Sohn, als ain Frembder, soll auf dem Handtwerk zway Jahrelang aneinander wandern, und der kein Maisters Sohn ist, bey ainem Maiser 3 Jahr oder bey zween Maistern vier Jahr ersüzen. Und solle die Versüz Jahr vorhinein einschreiben lassen: und gibt einzuschreiben 8 Pfund Wax, laß ers nit einschreiben, so gelten ihme die Jahr nichts, und solle niemahlen zween in einer Werckstatt nebeneinander die Jahre ersüzen khonnen.

3. Jedoch soll ain Maister den Gesöllen halten, daß er bey ihm bleiben khönne, und nit etwan, wan der Gsöll sein Zeit alberaiths schier gar ersessen hat, denselben unerhöblicher Ursachen willen beurlauben, und unbillich an seiner Wolfarth verhindern, außer der Gsöll würdte sich gegen seinen Maister solcher gestalten verhalten, daß er billiche Ursach hette, so soll der Maister alsdann entschuldiget sein.

4. Wan ain Gsöll seine Jahr mit der Wanderschaft hat zuegebracht, bey den Maistern würcklich ersessen: und alsdan Maister werden will, der soll neben diesen ain Maisters Sohn zechen, und ain Fremder zwölf Jahr lang, wie vor diesen, doch ein jeder außer seinem erlernten Handwerk, auf welches er sich sezen will, sein, und von der Zeit an zu rechnen, da er aufgedingt worden, und das Handwerk redlich nacheinander ausgelehrnt hat, andergestalten keiner mehr zur Machung des Maisterstück gelassen: oder wie bishero zum Thaill geschehen, ein gewisses Gelt dafür genommen, sondern darmit Insonderheit das Clain Uhrmacher Handtwerck, so dermollen ohne das starckh nit übersezt werde, bis ain solcher gleichwollen besagte Jahr völlig ohne abgang volzochen, genzlich und gar ohne einigen Disputat abgewiesen werden solle:

5. Außgenommen, wan einer ain Maisters Tochter nimbt, so ist derselbige alsdan die drey Jahre zu ersüzen befreyt, doch das er ain als anderen weeg, so wohl als ain Maisters Sohn die zway Jahr zuvor erwandert, und wie verstanden, wenigstens zehn Jahr auf dem Handtwerck, auf dem er süzen will, vollzochen habe.

6. Item wan ain Wittfrau sich nach Abliben ihres Mannes zu ainem Frembden gsollen, der sye und ihre Künder gebührlich ernähren wolt, zu verheurathen begehrt, im

fahl derselbe seine Jahr weder erwandert, ersessen nach sonsten völlig erströckht hat, der soll zwar alle diese Jahr befreyt, entgegen aber schuldig sein wegen seiner nit erwanderten, ersessenen und volendten Jahren in die Laden verwaigerlich zway Pfundt Pfennig zu bezallen auf ainem ehrsamen Handtwerk seinen ehrlichen Lehrn- und Geburtsbrief, daß er nach Handwerksbrauch aufrecht u. redlich gelehrnt und ausgelehrnt habe, vor und aufweisen, alsdan er, wan er anders dessen handtwerks erfahren und mit Machung des Maistersstückh bestehen khan, für ainen Maister erkhent und aufgenommen soll werden.

7. Im Fall eines: oder der anderen Maister alters- oder schwachheithalber, seinen Sohn die Werckhstatt zu vertreten bedürftig: oder wan ain Maister gar mit Todt abging, die hinderlassene Wittib und Mutter dessen vonneten wehre, so soll auf solchen Fahl der Sohn an die Wanderschaft nit gebunden sein.

8. Ingleichen, wan ain Wittfrau die Werckstatt nach ihres Mannes abliben noch weitersführen wolt, so fehre ain dauglicher Gsoll vorhanden, der soll ihr alzeit vor einem anderen zueglassen werden, wozue ihr das Handtwerck sovill möglich verhilflich sein soll, will der Gsöll nit bey ihr arbeithen, so soll er von dem Handtwerck ein halbes Jahr in die Wanderschaft geschafft werden.

9. Wan einer Maister werden will, und obverstandtnermaßen die Maisterstuck aufgenommen befueget ist, dem soll das Handtwerckh solche aufgeben, derselbe ist alsdann, auch ein jeder keiner ausgenommen, in die Handtwerkslade zugeben schuldig, zway Pfundt Pfennig und ainem ehrsamben Handtwerck ainen ehrlichen Trunkh, dessen ein Maistersohn gleichfalls nit befreyt ist, dan absonderlich, wan er mit denen Maisterstückhen bestandten, in die Handwercksladen, ain Maisters Sohn acht, und ain Frembder durchgehents zwölf Gulden, damit der Gottesdienst, Dünzl oder Jahrtag und anderen Notwendigkeiten beim Handtwerkh gebührlich erhalten, auch in fürfallenter Noth denen Schwach: oder Krankhen Maistern und Gesöllen, wan sye einer Hülf bedürftig, aus der Laden geholfen werden möge.

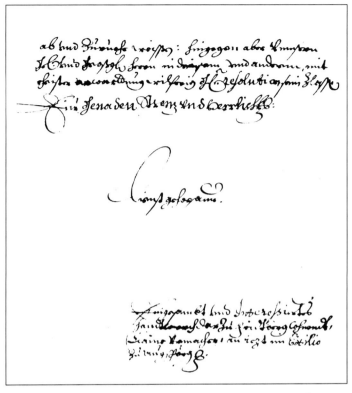

Schreiben der „Zu Friedberg wohnenden Claine Urmacher, anjezt im Exilio zu Augspurg siend", vom 15. 10. 1648

10. Ain Clain Uhrmacher macht ein Schlagwöckhete Viertl Uhr mit der Kötten, mit dem Monschein hündter dem Perg [mit dem Monaths-Tag und denen zwölf Monathen], doch stehet einem Jedem frey, ob ers auf ain Scheiben Spörth, oder als in ain Keiss machet, die Größe wird ihm aus der Laden geben, und hat an dem Maisterstückh zumachen zwölf Wochen, sowohl ain Clain- als Großer Uhrmacher.

11. Ein Großer Uhrmacher, wan er das Frimbwerkh[19] oder Groß Uhrmacher Handtwerk gelehrnt hat, so macht er ain Uhr, oder Schloß nach Erkandtnus eines ehrsamben Handtwerkhs.

12. Wan einer die Maisterstückh gemacht hat, so soll derselbe junge Maister ain Jahr lang nit macht haben einen

Bueben in sein Haus anzunehmen, noch zu lehrnen bis das Jahr völlig verflossen ist, jedoch solle ihm asogleich Gesöllen zufördern unverwöhrt sein.

13. *Wan ein Maister von Clain Uhrmachern einen Lehrjungen auf drey Jahr lang aufdingt, so soll der Maister nach dem auslehrnen drey Jahr wartten, und nit macht haben, ainen bueben anzunehmen, bis besagte drey Jahre völlig verflossen sind, lehrnet ainer vier Jahr, so soll der Maister zwey Jahr warten, lehrnt einer aber 6 Jahr, so darff der Maister gleich wieder einen bueben annehmen, ain großer Uhrmacher kann alle 3 Jahr ainen bueben annemen, und wan ainer halb hat ausgelehrnt, so darff er wider ainen bueben neben dem anderen annemen, doch daß er alzeith auf 3. Jahr wieder eingeschriben.*

14. *Ain Clain Uhrmacher, wan er einen bueben hat, soll alsdann nit mehr als zwey Gsöllen oder Jungen, also in allem vier Schraufstöckh ain ieder nur fördern, jedoch ist ain Maisters Sohn bey seinem Vattern befreyth, wird nit darunter verstandten.*

15. *Wan sich ein Maisters Sohn oder einer der ain Maisters Tochter wollte heurathen, oder ein Frembder sich um die Stuck wollte anmelden, so soll der Maisters Sohn vor allen zu denen Maisterstückhen gelassen werden, und nach dem Maisters Sohn soll der der ain Maisters Tochter heurathet, vor ainem frembden zu denen Maisterstücken gelassen werden, als dan der frembde Im fall es sich begebe, daß zwey Maisters Söhn, oder zwey die Maisters Töchter wollten heurathen, oder zwey frembde zusammen kommen thetten, so sollen die zwei, die das Recht haben, miteinander losen, und alzeit wie bishero gehalten, nit mehr als ainer in ainem Jahr zu denen Maisterstückhen gelassen werden, und ist die Zeit benambst, die Fasnachtswoche [Sonntag Sexagesimo, der der negste Sontag vor Faßnacht], wehr sich zu selbiger Zeit nit anmeltt, so gibt man dasselbige Jahr keine mehr auf.*

16. *Wan ainer von einem Ehrsamben Handtwerck einem Lehrbrief nimbt, so ist derselbige einem jeden Maister der darbey sein müssen, fünfzehn Kreuzer zu geben schuldtig.*

17. *Der seinem Mitmaister einen Gesöllen oder Jungen Verfiehrt, oder mit haimblich unzuelessigen Düngen aus der Werckstatt ab wendig macht, wan solches bekandt wird, der soll umb vier [acht] Pfund Wax zum Handwerk gestrafft sein, der Gsöll oder Jung aber, aber Viertl Jahr in die Wanderschaft geschafft werden.*

Daß die Abschrift dem Original gleichlauttent erfundten, und ordtentlich collationiert worden attestieren die heute Underschriebenen.

Ltd. Fr. Endres Stattschreiber:
Michael Brosy, derzeit Zunftmeister
Johann Kohremann, derzeit Viertlmaister

Siegel der Friedberger Uhrmacher, Schlosser, Büchsenmacher
Anfang 18. Jahrhundert

Unter der Regierungszeit der Kurfürsten Max III. Joseph (1745 – 1777) und Karl Theodor (1777 – 1799) wurden die 1726 und 1749 neu gefaßten Handwerksartikel der Friedberger Zünfte nochmals bestätigt. Aber mit der Einführung der „Gewerbevereine" wurde das alte Zunftrecht außer Kraft gesetzt. Trotzdem hielt das Handwerk noch vielfach an seinen alten Regeln und Gebräuchen fest. Und so kam es, daß in Friedberg im Jahre 1876 das alte Stubenzeichen der „Hammerlzünfte" renoviert und wieder über dem Stammtisch im Zieglerbräu aufgehängt wurde[20].

Das 18. Jahrhundert bringt den Friedberger Uhrmachern nochmals eine letzte Blütezeit. Neben weniger bedeutenden Meistern verbinden sich Namen wie Sebastian Baumann, Heinrich Eckert, Johann Pollinger und Joseph Spiegel des mittleren 18. Jahrhunderts mit hochwertigen Arbei-

ten, die wir mangels archivalischer Belege weitgehend für sich selbst sprechen lassen müssen. Interessante Einblicke in den Geschäftsgang gibt aber das „Einschreibbuch" des Philipp Happacher, das dieser wohl anläßlich seiner Wiederverheiratung nach dem Tod der ersten Frau im Jahre 1746 anlegte[21].

Happacher zählte sicher zu den wohlhabenden Bürgern. Ein Ölportrait im Heimatmuseum zeigt ihn in der Pose des französischen Herrscherportraits, mit Säulenmotiv und Vorhangdraperie, gekleidet mit weißer Perücke, grauem Rock und gefälteltem Hemd mit Halsband[22]. Die mit einem Siegelring geschmückte Hand des bescheiden, aber selbstbewußt und besonnen wirkenden Mannes weist mit dem Zirkel auf eine Taschenuhr mit goldenem Champlevé-Zifferblatt und lederbezogenem Übergehäuse und auf eine Tischsonnenuhr. Am Sockel der Säule hängt ein Universalsonnenring. Ein Pendant zu diesem Bildnis gibt seine Frau wieder[23].

Laut detailliertem Eintrag geht aus seinem Einschreibbuch hervor, daß er im Jahre 1750 das Hohenadl'sche Haus Nr. 291 in der heutigen Pfarrstraße Nr. 3 für 1050 Gulden erwarb und für fast 400 Gulden umbaute oder renovierte.

Happachers Geschäftsbeziehungen reichen über die engere und weitere Umgebung hinaus bis nach Salzburg, Eger, Prag, Wien, Laibach, Schaffhausen, Bern, Würzburg, Frankfurt, Amsterdam, Berlin, Warschau und Danzig. Er verkauft jährlich Uhren im Wert von um die tausend Gulden. In gewissen Jahren, in der Zeit zwischen 1750 und 1770, nähert sich sein Umsatz jährlich der Grenze von zweitausend Gulden. Aus dem Buch geht allerdings nicht klar hervor, welchen Anteil Happacher an der Herstellung dieser Uhren selbst hat. Der einmal verwendete Ausdruck „Uhren von hiesiger Arbeit" und dann wieder der ausdrückliche Hinweis auf Eigenarbeit deuten darauf hin, daß er auch mit Uhren anderer Meister handelte. Ansonsten pflegte er die übliche Praxis, gewisse Teile, wie *Gestellpfeiler*, Glocken, Zifferblätter, Zeiger, Gläser, Gehäuse, Futterale anderswo einzukaufen oder als Kompensation

Siegel der Gesellen
Uhrmacher, Schlosser, Büchsenmacher
18. Jahrhundert

gegen fertige Uhren einzutauschen, wie auch umgekehrt er selbst eigene und fremde Einzelteile weiterveräußert. Unter seiner Ware befinden sich auch die in Friedberg hergestellten Federn[24] und Grabstichel sowie von Uhrmacherfrauen und ihren Töchtern fabrizierte Laubsäglein, Feilen[25] und Kloben[26].

Einen Gesellen scheint er nur kurzzeitig im Jahre 1759 beschäftigt zu haben. Mit einem Drittel seiner Lieferungen nehmen die silbernen Minutenuhren zahlenmäßig den ersten Platz ein, gefolgt von den etwa gleich teuren Minutenuhren aus Tombak, die ein Viertel ausmachen. – Der Rest verteilt sich auf goldene Minutenuhren, Repetieruhren, Englisch-Gruß-Uhren, Kompaßuhren, Monatstaguhren, eine Holländer-Uhr und einen Stockknauf mit Kompaß. Happacher stellt auch die für Friedberg charakteristischen Kutschenuhren her, die er Felduhren nennt. Die silbernen und „dumbachenen" Minutenuhren kosten um die 30 Gulden, die goldenen um die 75 Gulden, Kompaßuhren kosten zwischen 96 und 125 Gulden. Am teuersten sind mit etwa 150 Gulden Repetier- und Englisch-Gruß-Uhren. Eine gewisse Rolle spielen auch Kompasse für etwa 10 – 120 Gulden, für die er in Salzburg und in einem Würzburger Geschäftsfreund beständige Abnehmer hat. Auf diese Weise verlassen in leicht schwankendem Durchschnitt etwa zwanzig Uhren pro Jahr seine Offizin.

Da Happachers „Einschreibbuch" keine geordnete Buchführung darstellt, läßt sich auch sein Gewinn nur aus dem einen oder anderen Vermerk erschließen. Er dürfte ungefähr bei 15% liegen.

Als Philipp Happacher um das Jahr 1770 die Arbeit niederlegt, werden noch 50 Werkstätten gezählt, und nach einer zeitgenössischen Überschlagsrechnung verlassen bei jährlich 50 pro Werkstatt gefertigten Uhren jedes Jahr 2 500 Uhren die Stadt[27]. Aber der Niedergang steht schon bevor. Es ist üblich, daß jährlich nur zwei Gesellen zur Meisterschaft zugelassen werden. Dabei gilt die höchst zweifelhafte Methode, unter den Bewerbern das Los entscheiden zu lassen, anstatt die Qualifikation. Wenn aber ein Bewerber mehrmals – die Quellen sprechen von dreimal und an anderer Stelle von fünfmal – ohne Erfolg das Los gezogen hat, wird er im folgenden Jahr doch noch automatisch zum Meister ernannt[28]. Dies hat eine Zufallsauslese und im Laufe der Zeit eine Überbesetzung zur Folge, beides Erscheinungen, die den modernen Schlagwörtern von liberalité und égalité widersprechen. Manche Uhrmacher ziehen es deshalb vor, abzuwandern.[29])

Im Jahr 1792 treffen die häufigen Einquartierungen und Plünderungen der Koalitionskriege viele Goldschmiede und Uhrmacher in ihrer Existenzgrundlage. Dennoch werden noch Uhren im Wert von 100 000 Gulden in das Ausland verkauft[30]. Im Jahre 1805 schreiben die Uhrmacher an das Finanzdepartement in München, daß ihnen seit der Regierung Kaiser Josephs II. der Handelsweg nach Italien und Österreich versperrt sei[31]. Man könne nur noch auf die Märkte in Leipzig, Frankfurt und Augsburg gehen. Daneben aber gebe es die ungesperrte Einfuhr fremder Uhren und vielfältiges Hausieren. Die Handelshäuser Diez und Keill in Augsburg hätten geschlossen. Die Meister bitten dann um einen Vorschuß in Höhe von 20 000 Gulden und schlagen vor, einen Generalunternehmer einzusetzen, der anstelle der Augsburger Handelshäuser die Uhren abnimmt und versendet. Sodann bitten sie, die Einfuhr fremder Uhren zu verbieten.

Daraufhin antwortet die Landesregierung, man möge endlich mit so unvernünftigen Grundsätzen aufhören, den Nachwuchs der Uhrmacherschaft durch Losentscheid zu bestimmen, sondern die jungen Meister nach fachlichen Gesichtspunkten auswählen. Eine unparteiische Prüfung solle durch einen Ausschuß von acht Meistern geschehen, der sich aus zwei Uhrmachern, zwei Zunftmeistern, je zwei Mitgliedern des Magistrats und des kurfürstlichen Landgerichts in München zusammensetzt. Kurfürst Max Joseph hätte bereits am 9. 8. 1802 dieses Regulativ genehmigt[32].

Sowohl im Jahre 1797 als auch im Jahre 1805 reißen die Briefe der Uhrmacher an den Magistrat der Stadt Friedberg und die der Stadt an das Landgericht in München nicht ab, in denen auf die schlechten Zeiten und den Untergang des

Gewerbes hingewiesen wird. Bürgermeister und Räte Friedbergs wünschen für sich und ihr Gemeinwesen wieder die „Innere Glükseligkeit", die durch den Stillstand der Kleinuhren-Fabrikate so unglücklich geworden ist[33].

Ein Einschreib- und Aufzeichnungsbuch[34], das der junge Uhrmacher Sebastian Lechner im Jahre 1817 anlegt und bis 1835 fortführt, bestätigt nur den Eindruck von der im Laufe der Zeit eingetretenen Rückständigkeit. Der mit einigen akkuraten Skizzen versehene und zum Schlusse über seine Wanderschaft nach Ofen berichtende Text spiegelt das aktuelle Wissen eines Kleinuhrmachers der ersten Hälfte des 19. Jahrhunderts wieder. Er setzt sich mit den damals gängigen Uhrwerksystemen wie französischen Repetiertaschenuhren mit und ohne Schlagwerk sowie Kalender, einfachen Minutenuhren, Taschenuhren mit schleichender und springender Sekunde, Uhren, die acht Tage laufen und mit verschiedenen Schlagwerksarten auseinander. Er läßt jedoch keinerlei innovativen Elemente erkennen.

Auch in Deutschland entstehen Uhrenindustrien, sodaß in Friedberg die Zahl von über 100 Uhrmachern innerhalb von zwei Jahrzehnten auf 40 zurückgeht. Im Jahre 1840 gibt es noch 15 Werkstätten; 1875 ist ihre Zahl auf drei zusammen geschmolzen[35], so viele wie es auch heute gibt, obwohl diese keine Uhren mehr selbst herstellen.

Bahrtuchschild der Friedberger Uhrmacher
18. Jahrhundert

Metallophon der Automatenuhr von Johann Georg Engelschalck, um 1670
München, Bayer. Nationalmuseum

IN FRIEDBERG HERGESTELLTE UHRENTYPEN UND IHRE GEHÄUSE

Gewichtsangetriebene Uhren

Die erste, von einem Friedberger hergestellte Uhr, von der wir wissen, war die Kissinger Kirchenuhr des Conrat Thanhamer[36]. Mit Sicherheit handelt es sich bei ihr noch um ein gewichtsangetriebenes Werk.

Halsuhren

Die frühesten uns bekannten Friedberger Uhren mit Federantrieb waren Halsuhren, die seit der ersten Hälfte des 16. Jahrhunderts bekannt sind[37]. Man trug diese dosenförmigen Uhren wie Schmuckstücke an einer Kette um den Hals. Das Werk einer solchen dosenförmigen Halsuhr ist auf der Rückplatine mit dem Namen des Friedberger Johann Michael Keller signiert (Kat.-Nr. 77).

Aus den Dosenuhren werden in manieristischer Manier verschiedene Uhrenformen weiterentwickelt, wobei Genf ein Herstellungszentrum für derlei Spielereien gewesen zu sein scheint[38]. Eine um ca. 1670 entstandene T u l p e n u h r, deren drei zu einer Knospe geschlossene Blütenblätter geöffnet werden können und dann das offene Uhrwerk mit Zifferblatt zum Vorschein bringen, stammt von Georg Bayr (Kat.-Nr. 19), eine andere, ähnliche, von Johann Kornmann (Kat.-Nr. 78). Johann Georg Engelschalck schuf um die gleiche Zeit eine T o t e n k o p f u h r (Kat.-Nr. 34)[39].

Tischuhren

Ungefähr gleichzeitig entstanden handliche Tischuhren mit zylindrischem oder prismatischem Gehäuse aus Messing. Sie wurden in Süddeutschland, vor allem in Augsburg und Nürnberg, hergestellt. Sie besitzen häufig astronomische Indikationen. Eine besonders schöne Tischuhr mit rundem Gehäuse und kuppelartiger Kalotte aus Silberfiligran stammt von Elias Kreittmayr (Kat.-Nr. 82). Die Gestaltung mit Steinbesatz und Filigranarbeit sowie die türkischen Zahlen des Zifferblattes deuten darauf hin, daß sie für

den türkischen Markt bestimmt war. Sie datiert wie zwei andere Uhren Kreittmayrs mit viereckigem Gehäuse aus dem Ende des 17. Jahrhunderts (Kat.-Nr. 84, 85).

Die M o n s t r a n z - oder S p i e g e l u h r e n[40] können als Sonderformen der Tischuhr betrachtet werden. Die aufwendig gestalteten Gehäuse haben ihre Vorbilder meist in Augsburger Erzeugnissen. Das Werk einer prächtigen Spiegeluhr mit fünf Zifferblättern auf reich verziertem Spiegel und mit Gold- und Steinbesatz von Elias Kreittmayr weist verschiedene astronomische Indikationen auf (Kat.-Nr. 86). Von Benedikt Fürstenfelder stammt das Werk einer Monstranzuhr, die heute verschollen ist (Kat.-Nr. 40). Das Bahrtuchschild der Friedberger Uhrmacher ist mit einer Monstranzuhr geschmückt, die sicherlich ein konkretes Vorbild hatte (Seite 24).

Stutzuhren

Auch diese können zu den Tischuhren gezählt werden. Ihr Name rührt davon her, daß sie eigentlich gekürzte Standuhren darstellen. Das Werk ist von einem Holzgehäuse umschlossen und verglast. Der Name Stutzuhr ist nicht zeitgenössisch. Anfang des 19. Jahrhunderts ist aber die Bezeichnung S t o c k u h r gebräuchlich. Vermutlich handelt es sich bei den in Philipp Happachers Einschreibbuch aufgeführten Acht-Tage-Uhren um Stutzuhren. Matthias Gail, beide Elias Kreittmayr und Sebastian Kurz haben diese Uhren zwischen 1680 und 1780 hergestellt (Kat. Nrn. 56, 92, 93, 94).

Das Zunftsiegel zeigt eine frühe Stutzuhr (Abb. S. 20).

Telleruhren

Diese Uhren haben ihre Vorbilder wieder in Augsburg. Die Telleruhren mit prächtigen getriebenen Zifferblättern wurden zu Anfang des 17. Jahrhunderts und später auch S c h e i b e n u h r e n genannt[41]. Ihre Schauseite besteht nur aus einem Zifferblatt, das Werk hat kein sichtbares Gehäuse, sondern nur ein staubschützendes. Telleruhren sind von Matthias Gail (Kat.-Nrn. 52 – 55) und von Benedikt Fürstenfelder (Kat.-Nr. 39) erhalten.

Automatenuhren

Die Unterscheidung nach Uhrentypen ist nicht scharf, und oft hängt es von den Gesichtspunkten ab, in welche Kategorie eine Uhr eingereiht wird. So kann zum Beispiel die Prunkuhr von Benedikt Fürstenfelder (Kat.-Nr. 44) zu den Tischuhren in ihrer höchsten kunsthandwerklichen Vollendung gezählt werden. Das Glockenspielwerk rechtfertigt aber auch, sie zu den Automatenuhren zu zählen. Gleiches gilt für die altarförmigen Nachtlichtuhren. Nach dem Prinzip der Laterna Magica werden bei ihr die ausgeschnittenen Stunden- und Viertelstundenziffern auf eine ebene Fläche projiziert. Der altarförmige Aufbau der Nachtlichtuhr von Matthias Gail (Kat.-Nr. 56) geht auf Uhren der Uhrmacherfamilie Campani zurück, die diesen Typus der „schweigenden Uhren" entwickelt hat.

Von der großen Tischuhr mit Automatenspiel des Johann Georg Engelschalck sind zwar keine Figuren mehr vorhanden, dafür aber hat sich das Automatenwerk erhalten (Kat.-Nr. 33).

Auch in die bei Geistlichen beliebte Form der Englisch-Gruß-Uhr ist ein Automat eingebaut. Es handelt sich bei den von Philipp Happacher in seinem Einschreibbuch mehrmals aufgezählten Uhren wohl um Taschenuhren. Ein Beispiel ist signiert mit Philipp Happacher (Kat.-Nr. 63), eine andere Taschenuhr mit Automat der Hubertuslegende ebenfalls mit Philip Happacher (Kat.-Nr. 62). Während sich bei den Englisch-Gruß-Uhren zur vollen Stunde der Engel Gabriel und die Taube des Heiligen Geistes aus einem Wolkenvorhang auf Maria zubewegen, tritt bei der Hubertusuhr der Hirsch mit einem Kreuz zwischen den Geweihstangen aus dem Wald hervor, und Hubertus sinkt auf die Knie.

Der sogenannte Heronsbrunnen läßt mittels eines im Inneren befindlichen Automaten Wasser respektive Wein hervorsprudeln (Kat.-Nr. 142).

Kutschenuhren

Sie sollten eigentlich mit ihrer ursprünglichen Bezeichnung Felduhren benannt werden, da sie nach ihrer ursprünglichen Bestimmung von Offizieren im Kriege mitgeführt wurden. Andere Namen sind Karossenuhr, Satteluhr oder im slawischen Sprachraum der französische Name Diligence-Uhr. Als Großformen der Taschenuhren gaben sie den Uhrmachern Gelegenheit zur Demonstration ihrer kunsthandwerklichen Fertigkeiten. Im 18. Jahrhundert wurde in Friedberg als Meisterstück eine Felduhr verlangt.

Taschenuhren

Friedberger Uhrmacher haben Werke für verschiedenartige Taschenuhrgehäuse hergestellt.

Uhren mit Emailmalerei wurden zum Beispiel von Uhrmachern, Goldschmieden und Emailleuren in der Zeit zwischen 1630 und 1670 in Blois in Frankreich fabriziert, wo diese Kunsthandwerker einen runden, flachen Uhrentyp schufen, dessen großes, wenig tiefes Gehäuse die Bezeichnung „montre bassine" (Uhr mit Wannengehäuse) erhielt[42]. Werke der Friedberger Uhrmacher Leonhard Engelschalck, Johann Kornmann und Augustin Rummel sind in emaillierte Gehäuse eingebaut, letztere in Gehäuse der Gebrüder Huaud aus Genf (Kat.-Nrn. 32, 109, 110). Die Taschenuhren von Augustin Rummel mit Darstellungen der „Caritas Romana", und dem Bildnis einer Dame in Emaillemalerei auf dem Gehäuse sind signiert von den Brüdern Jean Pierre und Ami Huaud, les frères Huaut (Kat.-Nrn. 109, 110). Von denselben Künstlern stammt das Gehäuse einer Taschenuhr von Johann Kornmann mit Bildnis des Prinzen Eugen[43]. Ein Uhrwerk von Andreas Strixner ist in ein einfaches Emailgehäuse der Zeit um 1800 eingebaut, dessen Lunette mit Straßsteinen verziert ist (Kat.-Nr. 133).

Obwohl es in Friedberg nachweislich Gehäusemacher gab[44], ist kein einziges signiertes Werk bekannt. Aus dem Einschreibbuch von Philipp Happacher geht hervor, daß er an den Goldschmied Augustin Niggl zweimal den Betrag von 72 Gulden bezahlt hat, im Jahre 1747 und später im Jahr

1772 ein „Geheis an Nigl"[45], wohl Johann Sebastian Niggl, der 1815 als Gehäusemacher 63jährig starb[46].

Es gab einfache, glatte Gehäuse für Minutenuhren und Gehäuse mit Schallschlitzen oder -löchern für Repetieruhren. Sie konnten graviert oder getrieben sein. Für die Kutschenuhren benötigten die Friedberger Uhrmacher große Gehäuse und Übergehäuse in großer Zahl, die von Gold- und Silberschmieden getrieben und graviert wurden. Bisher sind nur die Namen von FCL (Friedrich Christian Langpaur), Johann Bartermann und C. F. Winter, alle Goldschmiede in Augsburg, auf Gehäusen Friedberger Uhren bekannt (Kat.-Nr. 14). Die getriebenen Gehäuse wurden oftmals noch mit innen gefütterten, lederüberzogenen Schutzgehäusen versehen.

Kompaßuhren

Philipp Happacher erwähnt in seinem Einschreibbuch auch mehrere Kompaß-Uhren, die er an seine Kunden lieferte. Eine Uhr dieser Art ist nicht bekannt. Vermutlich handelt es sich um eine Taschenuhr mit aufsteckbarem Kompaß in einem entsprechend voluminösen gemeinsamen Gehäuse. Sie könnte vergleichbar sein mit einer kombinierten Taschen- und Äquatorialsonnenuhr von Nikolaus Delle, Augsburg[47].

Holländeruhren

So bezeichnete Philipp Happacher die Standuhren, die er in geringer Anzahl fertigte. Von Andreas Strixner und Matthäus Lechner sind Standuhren erhalten (Kat.-Nrn. 97, 139).

Friedberger Spindelkloben und -brücken

Die Ausstellung „Friedberger Uhren" gab Anlaß, die Kloben und Brücken einer großen Zahl von Uhren zu vergleichen.

Aus Schrift- und Bildquellen geht hervor, daß Friedberg ein Zentrum für die Herstellung von Kloben und Spindelbrücken war. Es handelt sich um filigran aus Messing ausgesägte Abdeckplättchen der Unruhe und Lager für die Spindelwelle. Kloben sind mit einer Spindelbrücke mit zwei Schrauben auf der Werkrückseite von Kutschen- und Taschenuhren befestigt.

Die Herstellung lag in Händen geschickter Friedberger Uhrmacherfrauen und -töchter.

Der zeitliche Stilwandel läßt sich am Dekor dieser Plättchen ablesen, ebenso die Handschrift einzelner Kunsthandwerkerinnen. Die Kloben des beginnenden 18. Jahrhunderts zeichnen sich durch Symmetrie und große Dichte des Akanthusblattwerkes aus (Kat. Nrn. 66, 70, 71), gegen Mitte des Jahrhunderts bleibt die Symmetrie zwar erhalten, aber das Akanthusblattwerk ist locker geschwungen und figürliche Elemente sind eingefügt, z.B. aus einem Früchtekorb pickende gegenständige Vögel.

Am Übergang vom Kloben zum Klobenfuß sind Muscheln, Frauen- oder grinsende Männerköpfe beliebt (Kat. Nr. 46, …). Besonders reizvoll sind die Fratzenköpfe, die um 1750 in den Rand ovaler Spindelbrücken integriert sind und an die Commedia dell' Arte erinnern (Kat. Nr. 27). Seit der Zeit des Rokoko und in der 2. Hälfte des 18. Jahrhunderts ist die Vorliebe für Asymmetrie zu erkennen, (Kat. Nrn. 14, 18, 104) und Laubwerk und Ranken sind dünn und locker verschlungen (Kat. Nr. 27). Gegen Ende des 18. und im beginnenden 19. Jahrhundert ist der Dekor in Motiv und Linienführung vereinfacht. Es herrschen gitterartige Muster vor (Kat. Nr. 108).

Zifferblatt einer Stutzuhr von Elias Kreittmayr, um 1680
Privatbesitz

KATALOG

Portrait Philipp Happacher, Detail

1 Erdglobus

Matthäus Seutter, Augsburg (1678 – 1756)
Datierung: 18. Jahrhundert, nach 1741
Friedberg, Heimatmuseum (Inv.Nr. 493)

Material:
Holz, Messing, Papier

Maße:
290/290 mm; Höhe: 310 mm ; Ø: 194 mm

Zustand:
Holz der Erdkugel gerissen, Papier berieben und z.T. abgegangen, starker Wurmbefall.

Hölzerne Erdkugel auf gedrechseltem Ständer mit Sockelscheibe. Umlaufender Meridianreif mit eingravierter Skala der komplementären Breitengrade (0° an den Polen, 90° am Äquator). Das Ganze in Holzgestell mit Kreuzfuß gelagert, das auf vier gedrechselten Säulen den oberen, achteckigen Einfassungskranz trägt. Dieser stellt, je nach Drehung des Meridianreifs, die Äquator- bzw. Ekliptikebene dar.

Die Topographie und die Skalen des Einfassungskranzes bestehen aus aufgeklebten Kupferstichen. Der Globus trägt in einer Kartusche die Inschrift: *GLOBUS TERRESTRIS juxta recontissimas observation. et navigationes peritissimor. Geograph. accuratissime delineats. cura et sumtibus. MATTH. SEUTTER Chalcogr. August.* Auf dem Abschlußreif sind in konzentrischen Kreisen von außen nach innen die Himmelsrichtungen, die Monate, die Sonntagsbuchstaben, z. T. die Tagesheiligen, die Sternbilder und die Gradeinteilung aufgedruckt.
Matthäus Seutter, der seine Lehrjahre in Nürnberg verbrachte und 1707 nach Augsburg zurückkehrte, stach anfangs Karten und Atlanten und begann erst 1710 mit dem Bau von Globen.

Literatur: Zinner, Ernst: Astronomische Instrumente, S. 335, München 1967

Munis, Oswald: Der Globus im Wandel der Zeiten, Berlin, 1961, S. 197ff

2 Himmelsglobus

Matthäus Seutter, Augsburg (1678 – 1756)
Datierung: 18. Jahrhundert, nach 1741
Friedberg, Heimatmuseum (Inv. Nr. 494)

Material:
Holz, Messing, Papier

Maße:
295/300 mm, Höhe: 310 mm, Ø: 194 mm

Zustand:
Starker Wurmbefall, Abnützungserscheinungen.

Aufbau wie Erdglobus (Kat. Nr. 1). Der achteckige Einfassungskranz stellt, je nach Drehung des Meridianreifs, die Horizontebene bzw. die Ebene des Himmeläquators bzw. des Deklinationskreises dar. Der Globus trägt im unteren Teil eine Kartusche, die auf Matthäus Seutter als Entwerfer hinweist.

3 Horizontalsonnenuhr

vermutlich Philipp Happacher (1711 – 1792)
Oberseite dat. *1780*
Friedberg, Heimatmuseum (Inv.Nr. 483)

Material:
Messing

Maße:
97 / 70 / 62 mm

Zustand:
Kompaßnadel, Glas und Pendel fehlen. Der Schattenwerfer ist vermutlich nicht original.

Kat. Nr. 8

Gravierte Oberseite mit Stundenangaben und Halbstun-den-, am Rand mit Viertelstundenteilung von 4 Uhr mor-gens bis 8 Uhr abends. Eingelassener, von unten aufge-schraubter Kompaß mit Mißweisung, vier geschwungen begrenzten Eckfüßchen, eines mit der fragmentarischen Gravur *Hora Plani H*.
Schattenwerfer über floraler Gravur mit 49° Neigung mit Öse und Justierungsspitze für Pendel.
Der fragmentarische Text an einem der Füßchen, läßt ver-muten, daß zur Herstellung Verschnittmaterial verwendet wurde.

Literatur: Abeler, S.256

4 Klappsonnenuhr (Horizontalsonnenuhr)

Datierung: 19. Jahrhundert
Friedberg, Heimatmuseum (Inv.Nr. 487)

Material:
Holz, Messing, Eisen, Textilfaser

Maße:
58/89/21 mm

Zustand:
Kompaßnadel blockiert; Lot fehlt.

In die Grundplatte ist ein Kompaß eingelassen. Das senk-recht hochklappbare Oberteil besitzt eine Bohrung, durch welche der Polfaden geführt ist. Sowohl im Unterteil als auch im Oberteil sind die Stunden- und Halbstundentei-lungen eingeschnitten: in der Grundplatte von 4 Uhr mor-gens bis 8 Uhr abends, in der senkrechten Platte von 6 Uhr morgens bis 6 Uhr abends. Im hochklappbaren Teil Aus-nehmung zur Aufnahme des Pendels.

5 Büchsensonnenuhr (Dosenuhr)

Anfang 19.Jahrhundert
Friedberg, Heimatmuseum (Inv.Nr. 489)

Material:
Holz, Messing, Eisen, bedrucktes Papier

Maße:
Durchmesser: 46 mm, H: 23 mm

Zustand:
Deckel fehlt

Glatte gedrechselte Holzdose. Auf dem Rand sind die Himmelsrichtungen angegeben, dazwischen florale Ver-zierungen. Auf der drehbar gelagerten Kompaßscheibe mit

Stundenteilung von 8 Uhr morgens bis 8 Uhr abends ist der dreieckige Schattenwerfer montiert.

Literatur: Bassermann-Jordan, Uhren, München, S.118

6 Äquatorialsonnenuhr

Ludwig Theodatus Müller (um 1710-1770)
Kompaßrückseite sign. *L.T.M.*
Augsburg, Ende 18.Jahrhundert
Friedberg, Heimatmuseum (Inv.Nr. 485)

Material:
Messing, Silber, Glas

Maße:
58 mm / 49 mm / 13 mm

Zustand:
Kompaßnadel, Stundenring und Lot fehlen.

Achteckiges, mit Blattwerkornament graviertes und punziertes Messinggehäuse. Aufklappbarer Polhöhenquadrant. Mittig ist der Kompaß mit gravierter Mißweisung eingelassen. Dessen Rückseite trägt ein Silberplättchen mit gravierten Polhöhenangaben (Lissabon – Warschau).
L.T. Müller baute in Augsburg um 1760 fast nur Reisesonnenuhren. Häufig zeichnete er nur mit LTM.

Literatur: Zinner, Astronomische Instrumente, S. 104, 119, 454 – Abeler, S.442 – Bobinger, Alt-Augsburger Kompaßmacher, Augsburg 1966, S. 280ff.

7 Äquatorialsonnenuhr

Anton Resler
Kompaß, rückseitig sign. *Anton Resler*
Augsburg, 18. Jahrhundert
Friedberg, Heimatmuseum (Inv.Nr. 484)

Material:
Messing, Eisen, Glas

Maße:
70 / 64 mm

Zustand:
Polhöhenquadrant und Polus fehlen.

Viereckig, in den Ecken mit gravierten Blattornamenten verziert. Hochklappbarer Stundenring mit arabischen Ziffern von 4 bis 12 und 12 bis 8 Uhr. Eine quadratische Ausnehmung auf der linken Seite diente zur Arretierung des Polhöhenquadranten. Der in der Mitte eingelassene, von unten aufgeschraubte Kompaß trägt die Teilung *OR* (oriens, Osten), *ME* (meridies, Süden), *OC* (occidens, Westen) und *SE* (septentrio, Norden) und die Mißweisung. Die zwei aufgenieteten Winkelstücke unterhalb des Kompasses dienten als Scharnier für die Lotwaage. Dazwischen ein von unten auf einer Blattfeder montierter Vierkantbolzen. Er hatte die Aufgabe, die umklappbare Lotwaage in der Senkrechten zu halten. Auf dem Kompaßboden sind die Polhöhen einiger Städte eingraviert.
Unter dem Kompaßboden befinden sich zwei Schrauben für das Scharnier des Stundenringes und eine Blattfeder mit Vierkantbolzen aufgenietet.

Literartur: Zinner, Astronomische Instrumente, S.490
Abeler, S. 511

8 Äquatorialsonnenuhr

wohl Philipp Happacher (1711 – 1792)
sign. *Happacher Fridberg*
um 1780
Friedberg, Heimatmuseum (Inv.Nr. 486)

Material:
Silber, Messing, Glas, Eisen - Holz, Papier, Samt

Maße:
H: 35 mm, B: 50 mm

Schachtel: Außen mit Papier beklebte, innen mit blauem Samt ausgelegte Spanschachtel von 67 mm Durchmesser und 50 mm Höhe.

Sonnenuhr: Achteckige, messingvergoldete Äquatorialsonnenuhr mit mittig eingelassenem Kompaß mit Mißweisung. Hochklappbarer Stundenring mit auf Achse drehbarem Polstab. Dieser wird im Winterhalbjahr um 90° nach unten und im Sommerhalbjahr um 90° nach oben gedreht. Einstellung der Polhöhe mittels aufklappbarem Polhöhenquadranten mit Winkelteilung. Auf der Unterseite des Kompasses graviertes Silberplättchen mit Angabe der wichtigsten geographischen Breiten von Rom bis Stockholm.

Literatur: Abeler, S.256

9 Azimutalsonnenuhr

Datierung: 1769
Friedberg, Heimatmuseum (Inv.Nr. 481)

Material:
Solnhofer Schiefer/Messing

Maße:
127/124/60 mm

Auf der nahezu quadratischen, hochgeätzten Steinplatte befindet sich der bis fast an den Rand reichende, mit römischen Zahlen besetzte Ziffernring mit Stundenanzeige von 5 Uhr morgens bis 7 Uhr abends und der Jahreszahl 1769. Von einer Darstellung der Sonnenscheibe gehen die Stunden- und Halbstundenteilungen aus. In den Zwickeln feines florales Ornament. Als Schattenwerfer dient ein Messingdreieck mit der Polhöhe 48,5° (annähernd Polhöhe von Friedberg).

Die Unterseite trägt den Besitzervermerk *Mich. Schnidtmann/1885.*

10 Fragment eines Torquetums

um 1780
Friedberg, Heimatmuseum (Inv.Nr. 482)

Material:
Messing, Eisen, Glas

Maße:
117/117 mm

Zustand:
Ekliptikebene und Höhenpeileinrichtung fehlen

a) Quadratische Grundplatte (Hoizontebene) mit mittig eingelassenem Kompaß und seitlich angebrachter, hochklappbarer Strebe zur Neigungseinstellung der Äquatorebene.

Kat. Nr. 10

b) An zwei Scharnieren hochklappbare Äquatorebene mit Einrastleiste zur Einstellung auf die geographische Breite (Komplementwinkel zur geographischen Breite). Mittiger Durchbruch in der Größe des Kompaßdurchmessers. Konzentrische Gravur der Windrose in 32 Unterteilungen, den 24 Stunden in Arabischen Ziffern, den 2 x 12 Stunden in großen Römischen Ziffern und ganz außen 48 x 6 Teilstriche (5-Minuten-Teilung).
In einem äußeren Führungsring gelagerter drehbarer Ring mit hochklappbarer Lupe und einem an gegenständigen Lünetten angeschraubten Steg. Er besitzt zwei hochklappbare, als Diopter dienende Rahmen (Alhidade) und eine Vorrichtung zum Aufstecken des fehlenden Oberteils.

Dieses bestand aus c) der um 23,5° gegen die Äquatorebene neigbaren Ekliptikebene und d) einer Höhenpeileinrichtung.

Das Torquetum ist ein astronomisches Universalgerät, das als Vorläufer der heutigen Theodoliten anzusehen ist. Mit ihm können Gestirne auf drei Arten vermessen werden: Im Horizontalsystem die Höhe und die Abweichung von der Nord-Südrichtung (Azimut), im Äquatorsystem die Deklination und die Rektaszension und im Ekliptiksystem die ekliptikale Breite und ekliptikale Länge.
Messungen im Ekliptiksystem waren in der Antike und im Mittelalter von großer Bedeutung, weil man die Position eines Planeten meist in bezug auf die Tierkreiszeichen angab.

11 Sonnenring oder „Bauernring"

Datierung: *1717*
Friedberg, Heimatmuseum (Inv.Nr. 480)

Material:
Messing

Maße:
Ø: 44 mm, B: 67 mm, Dicke: 15 mm

Kat. Nr. 11

Gegossener Reif mit Aufhängeöse und kleinem Ring. Aus einem Blechstreifen gefertigter drehbarer Mittelring mit Öhr. Auf der Außenseite des Reifs Skalen zur Einstellung des Öhrs auf die Monate des Winterhalbjahrs: *J* (Januar), *F* (Februar), *M* (März) / *S* (September), *O* (Oktober), *N* (November), *D* (Dezember) und auf die Monate des Sommerhalbjahres: *A* (April), *M* (Mai), *J* (Juni) / *J* (Juli), *A* (August). Auf der Innenseite die beiden Stundenskalen für Winter: 5 Uhr morgens bis 7 Uhr abends und für Sommer: 4 Uhr morgens bis 8 Uhr abends.

Der Bauernring war beim einfachen Volk weit verbreitet, da er in der Herstellung billig, in der Ausführung robust und in der Handhabung einfach war.

12 Zeitermittlungsapparat

Würzburg, 1869
Friedberg, Heimatmuseum (Inv.Nr. 490)

Material:
Messing, Glas, Eisen

Maße:
110 mm / 74 mm / 10 mm

Zustand:
Skala der Sonnenhöhen abgängig.

Hochrechteckiger Rahmen, auf dessen unterer „Schiene" eine Wasserwaage aufgeschraubt ist. Die der Sonne zuzukehrende senkrechte „Schiene" besitzt knapp unterhalb der oberen Ecke eine Bohrung mit diametral eingesetzter horizontaler Nadel als Schattenwerfer. An einer auf der gegenüberliegenden senkrechten „Schiene" aufgeklebten Skala (fehlt) konnte die Sonnenhöhe abgelesen werden.

Ein zugehöriges Büchlein enthält Tabellen, die zur abgelesenen Sonnenhöhe die in Bayern eingeführte „Münchner oder bayerische Bahnuhrenzeit" angeben.

13 Sanduhr

Anfang 20. Jahrhundert
Friedberg, Heimatmuseum (Inv.Nr. 492)

Material:
Elfenbein, Holz, Glas, Sand

Maße:
Höhe: 85 mm, Ø: 40 mm

Drei gedrechselte Holzsäulchen halten die aus Elfenbein gedrechselten Distanzscheiben, zwischen deren Vertiefungen das doppel-birnenförmige Stundenglas fixiert ist. Die an beiden Säulen aufgesteckten und -geleimten Kugelfüße halten die Distanzscheiben zusammen.
Laufdauer: ca. drei Minuten.

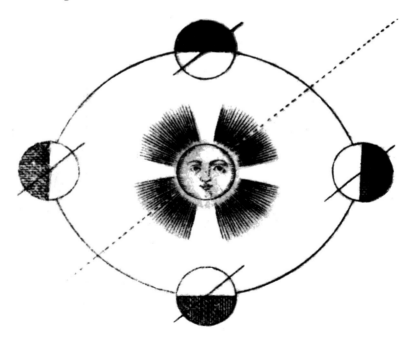

aus: Technisches Lehrbuch für Geometrie, Optik, Perspektive, 1776

BAUMANN, SEBASTIAN (1729 – 1805)
14 Kutschenuhr mit Übergehäuse

Rückplatine: sign. *Sebastian Baumann*
Gehäuse: sign. *F. C. L.* (Friedrich Christian Langpaur)
um 1760
Friedberg, Heimatmuseum (Inv. Nr. 1987/5)

Material:
Schutzgehäuse: Kupfer mit Leder überzogen, mit Stoff gefüttert.
Übergehäuse: Silber.
Gehäuse: Silber.
Zifferblatt: Email.
Werk: Messing (teilweise feuervergoldet)
Glocke: Silber.

Maße:
Ø: 125 mm

Anzeige: optisch: Anzeige von Stunden (I bis XII), Minuten und Datum (1 bis 31).
akustisch: Stunden und Viertelstunden. Wecker.

Gehwerk:
Gehwerk mit Kette, Schnecke und Spindelhemmung.

Aufzug mit Schlüssel von der Werkrückseite.
Regulierung mit Regulierzeiger auf der Rückplatine.

Schlagwerk:
Schloßscheibenschlagwerk für die Stunden und Viertelstunden auf eine Glocke im Gehäuseboden, die Viertelstunden werden mit zwei, die Stunden mit einem Hammer angeschlagen. Die Stunden werden nur zur vollen Stunde geschlagen (petite sonnerie). Für die Viertelstunden und die vollen Stunden hat das Schlagwerk jeweils ein eigenes Laufwerk. Aufgezogen werden die Federn beider Laufwerke von der Werkrückseite her mit einem Schlüssel.
Das Schlagwerk wird alle Viertelstunden automatisch ausgelöst, kann aber auch von Hand über einen Hebel bei der VIII ausgelöst werden. Mit einem zweiten Hebel bei der IX läßt sich das Schlagwerk abstellen.

Wecker:
Aufzug mit Schlüssel von der Werkrückseite. Einstellung der Weckzeit mit Stellscheibe im Zentrum des Zifferblatts: die Stellscheibe wird mit einem Schlüssel bewegt.

Gehäuse und Übergehäuse am Rande durchbrochen gearbeitet. Übergehäuse mit Darstellung des Opfers der Iphigenie. Agamemnon ist bereit, seine Tochter Iphigenie zu opfern, um den Zorn der Göttin Artemis abzuwenden.

Während des Opfers ersetzt jedoch Artemis Iphigenie durch eine Hirschkuh. Die Szene spielt auf den Stufen eines Tempels und wird eingefaßt durch gegenläufige C-Bögen. Ovale Spindelbrücke mit locker verschlungenden Ranken, die in Blätter und in Köpfe von Fabeltieren münden. Oberfläche der Stiele trembliert (mit dem Flachstichel in Zickzackmustern graviert).

Herkunft: Sotheby's London, 25. 6. 1968. lot 72. – Sotheby's New York, Fine watches from the Atwood Collection, 11. 12. 1986.

15 Kutschenuhr mit Übergehäuse

Rückplatine: sign. *Sebastian Baumann*
Gehäuse: sign. *F. C. L.* (Friedrich Christian Langpaur)
um 1760
Privatbesitz, München

Material:
Übergehäuse: Silber.
Gehäuse: Silber.
Zifferblatt: Email.
Werk: Messing (teilweise feuervergoldet), Eisen (teilweise gebläut) und Rubin.

Maße:
Ø: 104 mm

Anzeige:
optisch: Anzeige von Stunden (I bis XII), Minuten und Datum (1 bis 31).
akustisch: Stunden und Achtelstunden. Wecker.

Kat. Nr. 14

Kat. Nr. 15
Übergehäuse: Detail

Gehwerk:
Gehwerk mit Kette, Schnecke und Spindelhemmung.
Aufzug mit Schlüssel von der Werkrückseite.
Regulierung mit Regulierzeiger auf der Rückplatine.

Schlagwerk:
Schloßscheibenschlagwerk für die Stunden und Achtelstunden.

Übergehäuse Silber getrieben, durchbrochen und graviert.
Vor einer Architektur- und Landschaftskulisse eine mythologische Szene: eine Dame reicht kniend einem auf sie zutretenden Feldherrn Geschenke. Die Szene ist eingefaßt von langgezogenen C-Bögen, oben mit Streublümchen. Die ovale Spindelbrücke mit seitlichen Schraublöchern weist spiralige Ranken mit schmalen Blättern auf, einmal in einem Adlerkopf endend.

16 Kutschenuhr mit Übergehäuse

Rückplatine: sign. *Sebastian Bauman Friedberg*
Gehäuse: sign. *F C L* (Friedrich Christian Langpaur)
um 1770
Krakau Königsschloß Wawel (Inv. Nr. 4188)

Material:
Schutzgehäuse: Eisen mit Leder bezogen.
Übergehäuse: Silber.
Gehäuse: Silber.
Zifferblatt: Email.
Werk: Messing (teilweise feuervergoldet), Eisen (teilweise gebläut) und Rubin.

Maße:
Ø: 175 mm

Anzeige:
optisch: Anzeige von Stunden (IX bis XII), Minuten und Datum (1 bis 31).
akustisch: Stunden und Viertelstunden. Wecker.

17 Kutschenuhr mit Übergehäuse

Rückplatine: sign. *Sebastian Bauman Fridtberg*
Gehäuse: sign. *F C L* (Friedrich Christian Langpaur)
um 1770
Privatbesitz (vormals: Aukt. P. M. Kegelmann, FfM, 31. 3. 1990, Nr. 185)

Material:
Übergehäuse: Silber mit Leder bezogen.
Gehäuse: Silber.
Zifferblatt: Silber (Champlevé).
Werk: Messing (teilweise feuervergoldet), Eisen (teilweise gebläut) und Rubin.

Maße:
Ø: 111 mm

Anzeige:
optisch: Anzeige von Stunden (I bis XII), Minuten und Datum (1 bis 31).

Gehwerk:
Gehwerk mit Kette, Schnecke und Spindelhemmung.
Aufzug mit Schlüssel von der Werkrückseite.
Regulierung mit Regulierzeiger auf der Rückplatine.

Schlagwerk:
Schloßscheibenschlagwerk für die Stunden und Viertelstunden.

Das getriebene Silbergehäuse stellt innerhalb einer Architekturkulisse, von C-Bögen umrahmt, Fortuna mit Füllhorn, Athena, gerüstet und Merkur mit Flügelkappe und Flügelschuhen sowie dem Merkurstab dar. Im Vordergrund ein spielender Knabe vor einem See mit Segelschiff.
Spindelbrücke mit dichtem Akanthusblattwerk.
Die Uhr ist laut Überlieferung der Familie Byszewski, eine Gabe des Königs Stanislaus August Poniatowski für seinen Adjudanten, den General Arnold Anastazy Byszewski. 1960 von Roman Byszewski aus Krakau gekauft.

Lit.: Jerzy Szablowski, Kunstschätze des Königsschlosses Wawel, Krakau 1992.

Kat. Nr. 17

akustisch: Stunden und Viertelstunden. Wecker.

Gehwerk:
Gehwerk mit Kette, Schnecke und Spindelhemmung.
Aufzug mit Schlüssel von der Werkrückseite.
Regulierung mit Regulierzeiger auf der Rückplatine.

Schlagwerk:
Schloßscheibenschlagwerk für die Stunden und Viertelstunden.
Wecker.

Das getriebene Silbergehäuse stellt dieselbe Szenerie wie das Gehäuse der Kutschenuhr im Wawel dar mit Ausnahme des Hintergrundes, der hier aus wellenförmigen Gravuren und Rocaillebögen besteht. Die gesamte Ausführung ist grober.
Die ovale Spindelbrücke weist im Rankengeflecht Blüten, Fabeltiere und zwei Fratzen auf.

18 Taschenuhr

Rückplatine: sign. *Sebastian Bauman Fridtberg*
um 1760
Friedberg, Heimatmuseum (Inv. Nr. 538)

Kat. Nr. 17

Kat. Nr. 17

Material:
Gehäuse: Bronze feuervergoldet, allseitig verglast (später).
Zifferblatt: Email.
Werk: Messing (teilweise feuervergoldet) und Eisen (teilweise gebläut).

Maße:
Ø: 47 mm

Anzeige:
optisch: Anzeige von Stunden (I bis XII), Minuten.

Gehwerk:
Gehwerk mit Kette, Schnecke und Spindelhemmung.
Aufzug mit Schlüssel von der Werkrückseite.
Regulierung mit Regulierzeiger auf der Rückplatine.

Taschenuhrwerk in ein Gehäuse eingepaßt, das aus zwei Gehäuseringen besteht, die ringsum verglast wurden.

Ovale Spindelbrücke mit Mittelrosette und asymmetrisch angelegten gefiederten Blattranken.

BAYR (BAIR), GEORG (1638 – 1699)
19 Halsuhr in Form einer Blütenknospe

Rückplatine: sign. *Georg Bayr*
um 1665 – 1670
London, The British Museum
(Inv. Nr. MLA. 1874, 7 – 18, 38)

Kat. Nr. 19

Material:
Gehäuse: Silber, vergoldet.
Zifferblatt: Silber.
Zeiger: Messing, feuervergoldet.
Werk: Messing (teilweise feuervergoldet).

Maße:
Höhe: 39,7 mm, Breite: 29,5 mm

Anzeige:
optisch: Stunden (I bis XII), Lilien als Halbstunden-Markierungen.

Gehwerk:
Gehwerk mit Kette, Schnecke und Spindelhemmung
Silberne Regulierscheibe auf der Rückplatine, graviert von 1 – 6.
Vier Balusterpfeiler.
Kette, Spindel, Unruhe und Kloben fehlen.

Silberne Uhr in Form einer Tulpe. Silberzifferblatt umgeben von graviertem floralem Muster. In der Mitte gravierte Darstellung eines Jägers, der mit einem Hund einen Hirsch jagt. Das Deckblatt des Zifferblattes, ein Seitenteil und der Pendant fehlen.
Erworben 1874, vermacht von Lady Harriet Fellows, gesammelt von Sir Charles Fellows.

Kat. Nr. 20

Regulierung mit Regulierzeiger auf der Rückplatine.
Weckerwerk mit Einstellscheibe im Zentrum des Zifferblattes.

Schlagwerk:
Schloßscheibenschlagwerk für die Stunden auf Glocke im Gehäuseboden.

Das Mittelfeld des Champlevé-Zifferblattes ist mit gravierten Blüten und Zweigen verziert, der Zeiger hat die Form einer Schlange. Vgl. die großen Blüten mit denen der Rückplatine der Kutschenuhr von E. Kreittmayr, in Cambridge (M. 105 – 1930) und dem Gehäuse der Kutschenuhr Kreittmayrs in Genf.
Kupferstichvorlagen dürften in Christoph Schmidt's *Blumenbuch* von 1664 zu suchen sein. Abb. (siehe: Neues Blumenbuch, Christoff Schmidt fecit 1664 August.) Augsburg, Städt. Kunstsammlungen, Graph. Sammlung, Inv. Nr. G 3640/1962.

20 Kutschenuhr

Rückplatine: sign. *Georg Bayr*
um 1680
Privatbesitz

Material:
Gehäuse: Silber durchbrochen und graviert.
Zifferblatt: Silber.
Werk: Messing (teilweise feuervergoldet) und Eisen (teilweise gebläut).

Maße:
Ø: 96 mm, Höhe: 110 mm, Dicke: 55 mm

Anzeige:
optisch: Anzeige von Stunden (I bis XII) und Minuten (1 bis 60).
akustisch: Stunden und Wecker.

Gehwerk:
Gehwerk mit Kette, Schnecke und Spindelhemmung. Ursprünglich Radunruhe ohne Spirale, Regulierung durch Veränderung der Federvorspannung mittels Wurmschraube und silbernem Zifferblatt (Skala 1 bis 8). Später Spiralfeder mit einem Umgang und Regulierscheibe hinzugefügt.
Aufzug mit Schlüssel von der Werkrückseite.

Kat. Nr. 20

21 Taschenuhr

sign. *Georg Bayr*
1660 – 1670
London, The British Museum (MLA 1874, 7 – 18, 63)

Material:
Gehäuse: Silber.
Zifferblatt: Silber, im 19. Jh. ergänzt.
Zeiger: Messing, feuervergoldet, wohl original.

Maße:
Ø: 43,4 mm

Anzeige:
optisch: Anzeige von Stunden (I bis XII), Lilien als Halbstunden-Markierungen.

Gehwerk:
Silbergehäuse. 19. Jh. In der Mitte gravierte Landschaft. Gehwěrk mit Kette, Schnecke und Spindelhemmung. Spindel und Unruhe sind nicht original. Länglicher, ovaler, durchbrochen gearbeiteter, gravierter Kloben, Reparaturen.

Erworben 1874.

BAUR, FRANZ BORGIAS (1766 – 1831)
22 Taschenuhr

Rückplatine: sign. *Borgias Baur à Friedberg*
um 1800
Friedberg, Heimatmuseum (Inv. Nr. 539)

Material:
Gehäuse: Silber.
Zifferblatt: Email.
Werk: Messing feuervergoldet und Eisen (teilweise gebläut).

Maße:
Ø: 53 mm

Anzeige:
optisch: Anzeige von Stunden (I bis XII) und Minuten.
akustisch: Stunden und Achtelstunden.

Gehwerk:
Gehwerk mit Kette, Schnecke und Spindelhemmung. Aufzug mit Schlüssel von der Werkrückseite. Regulierung mit Regulierzeiger auf der Rückplatine.

Schlagwerk:
Repetitionsschlagwerk für die Stunden und Achtelstunden, zwei Hämmer schlagen auf eine Glocke.

BAUR (JOHANN) MICHAEL
(1765 – 1826 od. 1846)
23 Taschenuhr

Rückplatine: sign. *Michael Baur Fridtberg* um 1800
Friedberg, Heimatmuseum (Inv. Nr. 1989/299)

Material:
Gehäuse: Silber.
Zifferblatt: Email.
Werk: Messing (teilweise feuervergoldet) und Eisen (teilweise gebläut).

Maße:
Ø: 49 mm

Anzeige:
optisch: Anzeige von Stunden (I bis XII) und Minuten.
akustisch: Stunden und Achtelstunden.

Gehwerk:
Gehwerk mit Kette, Schnecke und Spindelhemmung.

Aufzug mit Schlüssel von der Zifferblattseite bei der IV.
Regulierung mit Regulierzeiger auf der Rückplatine.

Schlagwerk:
Repetitionsschlagwerk für die Stunden und Achtelstunden, zwei Hämmer schlagen auf eine Glocke.

BROSY, (JOHANN) PAUL (1692 – 1756)
24 Kutschenuhr mit Übergehäuse

Zifferblatt: sign. *Paul Brosy Fridtberg*
Rückplatine: sign. *Johan Paul Brosy Fridtberg*
Kunsthandlung E. Commer, Bonn

Material:
Gehäuse: Silber, getrieben, graviert, punziert.

Zifferblatt: Silber, Champlevé.
Werk: Messing (teilweise feuervergoldet), Eisen gebläut.
Glocke: Silber.

Maße:
Höhe: 140 mm, Ø: 105 mm

Anzeige:
optisch: Anzeige von Stunden (I bis XII) und Minuten.

Gehwerk:
Gehwerk mit Kette, Schnecke und Spindelhemmung.
Repetitionsschlagwerk.

Am Rand in vier Feldern ausgesägte Akanthusranken als Schallöcher. Darstellung der sitzenden Athena, gerüstet, als Hüterin von Kunst und Wissenschaften mit den Attributen: Eule, Globus, Sonnenuhr und Zirkel. Links vorne ein sitzender Amor mit Pfeil. Die Gartenlandschaft mit Architekturkulisse von Rocaillebögen asymmetrisch eingerahmt.

BURKHARD, FERDINAND (1712 – 1773)
25 Tragbare Uhr (rechteckig), sog. Buchuhr

Rückplatine: sign. *Ferdinand Burckhard Fridberg*
um 1750
Privatbesitz.

Material:
Gehäuse: Messing.
Zifferblatt: Silber geätzt.
Werk: Messing und Eisen.

Maße:
Maße 43 mm; Höhe: 68 mm; Tiefe: 24 mm

Anzeige:
optisch: Stunden (I bis XII) und Minuten.
akustisch: Wecker.

Gehwerk:
Gehwerk mit Kette, Schnecke und Spindelhemmung.
Aufzug mit Schlüssel auf der Werkrückseite.
Regulierzifferblatt auf der Rückplatine.

Wecker: Aufzug mit Schlüssel von der Werkrückseite. Einstellung der Weckzeit mit Stellscheibe im Zentrum des Zifferblattes. Messinghammer schlägt eiserne Tonfeder an.

Renaissanceartiges, hochrechteckiges Gehäuse mit Tragegriff. Champlevé – Zifferblatt, gravierte Ranken und C-Bögen sowie Maskaron in der Mitte oben. Spindelbrücke mit verschlungenen Ranken und gefiederten Blättern.

DÖLLE, THOMAS (– 1689)
26 Wanduhr (Telleruhr)

Rückplatine: sign. *Thomas Dölle Inn Fridtberg*
Getriebes Silberornament auf dem Zifferblatt: zwei Punzen
um 1680
Friedberg, Heimatmuseum (Inv. Nr. 518)

Material:
Zifferblatt: Kupfer feuervergoldet und versilbert, Silber getrieben.
Zeiger: Eisen gebläut.
Werk: Messing (teilweise feuervergoldet) und Eisen (teilweise gebläut).

Maße:
Tiefe: 69 mm, Höhe: 210 mm, Breite: 178 mm

Anzeige:
optisch: Stunden (I bis XII), Minuten sowie Mondalter und Mondphase.
akustisch: Stunden und Viertelstunden. Wecker.

Gehwerk:
Gehwerk mit Kette, Schnecke, Spindelhemmung und Vorderpendel.
Aufzug mit Schlüssel auf der Werkrückseite.
Reguliermechanik für die Unruh auf der Rückplatine.

Schlagwerk:
Schloßscheibenschlagwerk für die Stunden und Viertelstunden auf eine Glocke im Gehäuseboden – selbstschlagend. Die Stunden werden nur zur vollen Stunde geschlagen. Für die Viertelstunden und die vollen Stunden hat das Schlagwerk jeweils ein eigenes Laufwerk, aufgezogen werden die Federn beider Laufwerke von der Werkrückseite her mit einem Schlüssel.
Das Schlagwerk wird alle Viertelstunden automatisch ausgelöst.

Wecker: Aufzug mit Schlüssel von der Werkrückseite. Einstellung der Weckzeit mit Stellscheibe im Zentrum des Zifferblattes. Ein Hammer schlägt die gleiche Glocke wie für den Stunden- und Viertelschlag an.

Im Mittelfeld des Zifferblattes gravierte Landschaft mit Tempelruine. Auf der glatten Zifferblattscheibe getriebene und punzierte Blüten und Blätter, zum Rand hin ein aufgesetztes Wellenband.
Ausstellungskatalog Friedberger Uhren 22. 10. 1989 bis 16. 9. 1990, Nr. 18.

ECKERT, HEINRICH (1717 – 1788)
27 Kutschenuhren mit Übergehäuse

Rückplatine und Zifferblattrand: sign. *Heinrich Eckherth Fridberg*
um 1750
Privatbesitz

Material:
Übergehäuse: Silber mit grünem Chagrinleder bezogen.
Gehäuse: Silber.
Zifferblatt: Silber.
Werk: Messing teilweise feuervergoldet) und Eisen (teilweise gebläut)

Maße:
Ø: 110 mm

Anzeige:
optisch: Anzeige von Stunden (I bis XII), Minuten und Datum (1 bis 31).
akustisch: Stunden und Viertelstunden. Wecker.

Gehwerk:
Gehwerk mit Kette, Schnecke und Spindelhemmung.
Aufzug mit Schlüssel von der Werkrückseite.
Regulierung mit Regulierscheibe auf der Rückplatine.

Schlagwerk:
Schloßscheibenschlagwerk für die Stunden und Viertelstunden auf eine Glocke im Gehäuseboden, die Viertelstunden werden mit zwei, die Stunden mit einem Hammer angeschlagen. Die Stunden werden nur zur vollen Stunde geschlagen.
Für die Viertelstunden und die vollen Stunden hat das Schlagwerk jeweils ein eigenes Laufwerk, aufgezogen werden die Federn beider Laufwerke von der Werkrückseite her mit einem Schlüssel. Das Schlagwerk wird alle Viertelstunden automatisch ausgelöst, kann aber auch von Hand durch Ziehen an einer Schnur bei der VI ausgelöst werden. Mit einem Hebel bei der VIII kann man das Schlagwerk abstellen.

Wecker: Aufzug mit Schlüssel von der Werkrückseite. Einstellung der Weckzeit mit Schlüssel unterhalb der IIII.

Getriebenes Silbergehäuse mit Darstellung eine Reiterschlacht vor Zelten und Häusern, eingefaßt von C-Bögen und gefiederten Blättern.
Spindelbrücke queroval mit je zwei Gesichtern in der Umrandung, oben rundliche Gesichter mit diademartigem Kopfputz und gesträhnten Haaren (Muster), gepunzt, graviert.
Zwei Ranken mit Blattwerk, zwei Mal in Köpfe von Fabeltieren mündend.

28 Kutschenuhr mit Übergehäuse

Rückplatine und Zifferblattrand: sign. *Heinrich Eckherth Fridberg*
Gehäuse: sign. F. C. L. (Friedrich Christian Langpaur)
um 1750
Bayerisches Nationalmuseum München (Inv. Nr. 14/22)

Material:
Übergehäuse: Silber mit grünem Chagrinleder bezogen.
Gehäuse: Silber.
Zifferblatt: Email.
Werk: Messing (teilweise feuervergoldet) und Eisen (teilweise gebläut).

Maße:
Ø: 120 mm

Anzeige:
optisch: Anzeige von Stunden (I bis XII) Minuten und Datum (1 bis 31).
akustisch: Stunden und Viertelstunden. Wecker.

Gehwerk:
Gehwerk mit Kette, Schnecke und Spindelhemmung.
Aufzug mit Schlüssel von der Werkrückseite.
Regulierung mit Regulierscheibe auf der Rückplatine.

Schlagwerk:
Schloßscheibenschlagwerk für die Stunden und Viertelstunden auf eine Glocke im Gehäuseboden, die Viertelstunden werden mit zwei, die Stunden mit einem Hammer angeschlagen. Die Stunden werden nur zur vollen Stunde geschlagen.
Für die Viertelstunden und die vollen Stunden hat das Schlagwerk jeweils ein eigenes Laufwerk. Aufgezogen werden die Federn beider Laufwerke von der Werkrückseite her mit einem Schlüssel. Das Schlagwerk wird alle Viertelstunden automatisch ausgelöst, kann aber auch von Hand durch Ziehen an einer Schnur bei der VI ausgelöst werden. Mit einem Hebel bei der VIII kann man das Schlagwerk abstellen.

Wecker: Aufzug mit Schlüssel von der Werkrückseite. Einstellung der Weckzeit mit Schlüssel unterhalb der XII.

In Silber getriebenes Übergehäuse mit Darstellung *Iphigenie, durch Diana dem Opfertod entrückt*, eingerahmt von Rocaillebögen. Ovale Spindelbrücke mit locker verschlungenen Akanthusranken.

29 Kutschenuhr

Rückplatine: sign. *Eckhert London*
um 1760
Seifhennersdorf, Sammlung Landrock (Inv. Nr. 40)

Material:
Übergehäuse: Kupfer mit Leder bezogen.
Gehäuse: Silber.
Zifferblatt: Silber.
Werk: Messing (teilweise feuervergoldet) und Eisen (teilweise gebläut).

Maße:
Ø: 100 mm, Übergehäuse Ø: 110 mm, Dicke über Glas: 60 mm

Anzeige:
optisch: Anzeige von Stunden (I bis XII), Minuten und Datum (1 bis 31).
akustisch: Stunden und Viertelstunden, Wecker.

Gehwerk:
Gehwerk mit Kette, Schnecke und Spindelhemmung.
Aufzug mit Schlüssel von der Werkrückseite.
Regulierung mit Regulierzeiger auf der Rückplatine.

Schlagwerk:
Repetitionsschlagwerk für die Stunden und Viertelstunden, zwei Hämmer schlagen auf eine Glocke:

Kloben: Über grinsendem Kopf symmetrisch: Ranken mit Köpfen von Fabeltieren.
Silbergehäuse mit rankenartig eingesägten Schallöchern.
Zifferblatt, Champlevé mit Datumsfenster und Weckerscheibe. Schutzgehäuse: Kupfer mit schwarzem Leder und silbernen Nägeln.

30 Kutschenuhr mit Übergehäusen

Rückplatine und Zifferblattrand. sign. *Heinrich Eckherth Fridberg*
um 1750
Friedberg, Heimatmuseum (Inv. Nr. 1980/61)

Material:
Übergehäuse: Silber mit grünem Chagrinleder bezogen.
Gehäuse: Silber.
Zifferblatt: Email.
Werk: Messing (teilweise feuervergoldet) und Eisen (teilweise gebläut).
Glocke: Silber

Maße:
Ø: 113 mm

Anzeige:
optisch: Anzeige von Stunden (I bis XII), Minuten und Datum (1 bis 31).
akustisch: Stunden und Achtelstunden. Wecker.

Gehwerk:
Gehwerk mit Kette, Schnecke und Spindelhemmung.
Aufzug mit Schlüssel von der Werkrückseite.
Regulierung mit Regulierscheibe auf der Rückplatine.

31 Taschenuhr (Fragment) mit Zifferblatt

Rückplatine: sign. *Eckert London 203*
um 1750
Friedberg, Heimatmuseum (Inv. Nr. 1987/1414)

Material:
Zifferblatt: Email.
Werk: Messing (teilweise feuervergoldet) und Eisen (teilweise gebläut).
Maße:
Ø: 25 mm

Anzeige:
optisch: Anzeige von Stunden (I bis XII) und Minuten.
akustisch: Stunden und Viertelstunden.

Gehwerk:
Gehwerk mit Kette, Schnecke und Spindelhemmung.
Aufzug mit Schlüssel von der Werkrückseite.
Regulierung mit Regulierzeiger auf der Rückplatine.

Schlagwerk:
Repetitionsschlagwerk für die Stunden und Achtelstunden, zwei Hämmer schlagen auf eine Glocke.
Kleines Taschenuhrwerk mit Emailzifferblatt. Kloben: am Fuß Männerkopf und symmetrisch Blattranken und Köpfe von Fabeltieren.

Schlagwerk:
Schloßscheibenschlagwerk für die Stunden und Viertelstunden auf eine Glocke im Gehäuseboden, die Viertelstunden werden mit zwei, die Stunden mit einem Hammer angeschlagen. Die Stunden werden nur zur vollen Stunde geschlagen.
Für die Viertelstunden und die vollen Stunden hat das Schlagwerk jeweils ein eigenes Laufwerk, aufgezogen werden die Federn beider Laufwerke von der Werkrückseite her mit einem Schlüssel. Das Schlagwerk wird alle Viertelstunden automatisch ausgelöst, kann aber auch von Hand durch Ziehen an einer Schnur bei der VI ausgelöst werden. Mit einem Hebel bei der VIII kann man das Schlagwerk abstellen.

Wecker: Aufzug mit Schlüssel von der Werkrückseite. Einstellung der Weckzeit mit Stellscheibe im Zentrum des Zifferblattes.

Silbergehäuse, seitlich durchbrochen, leicht ovale Spindelbrücke mit filigranartigem lockerem, asymmetrischem Rankenwerk, Blättern, Rosetten und Köpfen von Fabeltieren.

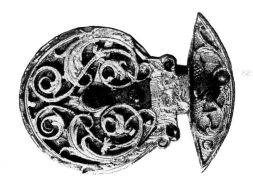

ENGELSCHAL(C)K, LEONHARD (– 1685)
32 Taschenuhr

Rückplatine: sign. *Lenhart Engelschalckh*
1655 – 1660
London, The British Museum (Inv. Nr. MLA 1958, CAI., 3268)

Material:
Gehäuse: Kupfer, emailliert.
Zifferblatt: Email, Anfang 19. Jh.
Werk: Messing, feuervergoldet, Eisen (teilweise gebläut).

Maße:
Ø: 499 mm, Dicke: 245 mm

Anzeige:
Anzeige von Stunden (I bis XII), Halbstunden-Markierungen und Viertelkreis.

Gehwerk:
Gehwerk mit Kette und Schnecke, Spindelhemmung.

Erworben über Christie's 1958 von Courteney Adrian Ilbert. Kupfergehäuse, innen und außen emailliert: Darstellung außen: Entführung Helenas aus Troja, Innen: Landschaft. An der Gehäusewandung: Urteil des Paris, innen wieder eine Landschaft. Blumenfries.

ENGELSCHALK, JOH. GEORG (1656–1687)
33 Tischuhr, ursprünglich mit Automatenspiel

Werk: sign. *Johann Georg Engelshalckh in Fridberg*
um 1680
Bayerisches Nationalmuseum München (Inv. Nr. 3213)

Material:
Gehäuse: Fichte, furniert.

Maße:
Höhe: 1655 mm, Breite: 730 mm.

Anzeige:
optisch: Anzeige von Stunden (I bis XII), Minuten sowie Mondphase. Zwei weitere Zifferblätter fehlen.

Gehwerk:
Spindelhemmung mit Vorderpendel.

Schlagwerk:
Vierviertelschlag.

Fichtenholz, mit Maser furniert. Reich gegliederter, nach oben sich verjüngender architektonischer Aufbau mit gewundenen Säulen, in drei Geschossen. Im Sockel ein Spielwerk mit eisernem Laufwerk, hölzerner Stiftenwalze und klingenden Stahlplatten. Während des Spiels bewegten sich darüber, vor Spiegeln, Figuren im Kreise. Auf dem Mittelgeschoß die eigentliche Uhr, von der die Stunden, Minuten und Sekunden, sowie das Alter des Mondes angezeigt wurden. Zwei weitere kleine Zifferblätter fehlen heute. Ziffern des messingenen Zifferblattes aus Silberfiligran. Das Pendel bewegte sich vor dem Zifferblatt. Das schöne Messingwerk mit Vierviertelschlag ist bezeichnet: *Johann Georg Engelshalckh in Fridberg*. Auch im obersten Geschoß der Uhr bewegten sich Figuren. – Vielfach beschädigt. – Aus: Bassermann-Jordan, Die Geschichte der Räderuhr unter besonderer Berücksichtigung der Uhren des Bayer. Nationalmuseums, Frankfurt 1905.

34 Halsuhr in Form eines Totenkopfes

sign. *Johann Georg Engelschalckh*
um 1680
Württembergisches Landesmuseum Stuttgart (Inv. Nr.
1968 – 97)

Material:
Zifferblatt: Silber.
Werk: Messing (teilweise feuervergoldet) und Eisen (teilweise
gebläut).
Totenkopf: Silber.

Maße:
Ø: 45 mm, Höhe: 37 mm

Anzeige:
optisch: Anzeige von Stunden (I bis XII).

Gehwerk:
Spindelhemmung.

Der Totenkopf ist in Silber gegossen, getrieben und graviert. Auf der Stirn ist ein Stundenglas mit zwei gekreuzten
Sensen eingraviert, darüber die Schrift: *DUM VIVIS
VIVE UT VIVAS/VITA FUGIT UT HORA,* auf dem
Scheitel: *AETERNA RESPICE/CADUCA DESPINE,*
auf dem Hinterkopf: *INCERTA EST/MORTIS HORA.*
Der Unterkiefer ist aufklappbar.

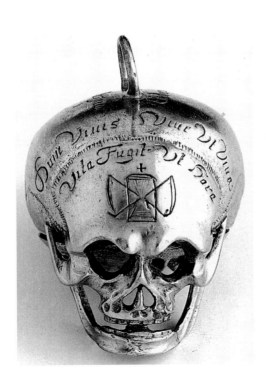

ENGELSCHALK, FERDINAND
(1681 – 1755)
35 Laterna Magica mit Taschenuhrwerk

Rückplatine: sign. *Prag Ferdinant Engelschalck*
um 1730
Nationalmuseum Prag (Inv. Nr. 6.870/1907)

Material:
Werk: Messing (teilweise feuervergoldet) und Eisen (teilweise gebläut).

Maße:
Gehäuse: Höhe 220 mm, Tiefe: 23 mm, Uhrwerk Ø: 115 mm

Anzeige:
optisch: Anzeige von Stunden (I bis XII) und Minuten.

Mit Hilfe einer Projektion durch Spiegel und Lichtquelle, kann die laufende Uhrzeit an eine Wand projiziert werden.

FLEINER, JOH. GEORG (– 1754)
36 Kutschenuhr mit Übergehäuse

Rückplatine: sign. *Fridberg Joh. Georg Fleiner*
um 1750
St. Petersburg, Ermitage (No. E-10730)

Material:
Übergehäuse: Silber, getrieben.
Zifferblatt: Silber, Champlevé.
Werk: Messing (teilweise feuervergoldet) und Eisen.

Maße:
Ø: 120 mm

Anzeige:
optisch: Anzeige von Stunden (I bis XII) und Minuten.
akustisch: Wecker.

Gehwerk:
Spindelhemmung. Vier Aufzüge mit Schlüssel von der Werkrückseite. Schlagwerk auf Glocke.

Übergehäuse aus Silber getrieben, durchbrochen und pun-
ziert. Darstellung einer dramatischen Reiterschlacht.
Landschaftsvordergrund und -hintergrund sind angedeu-
tet. Die bewegte Szene wird durch kräftige, gegenläufige
Rocaillebögen eingefaßt.
Die ovale Spindelbrücke mit Bogenmotiv, verschlungenen
Akanthusranken, die teilweise in Köpfen von Fabelwesen
enden, und die Faunsköpfe sind der Spindelbrücke der
Kutschenuhr von H. Eckert in Kassel sehr ähnlich und
deuten auf dieselbe Hand.

FRIEDL, SEBASTIAN (1790 – 1872)
37 Taschenuhr mit Übergehäuse

Rückplatine: sign. *Seb. Friedl in Friedberg*
um 1820
Friedberg, Heimatmuseum (Inv. Nr. 541)

Material:
Übergehäuse: Silber mit Schildpatt belegt.
Gehäuse: Silber.
Zifferblatt: Email.
Werk: Bronze feuervergoldet, Messing, Eisen (teilweise gebläut),
Rubin.

Maße:
Ø: 64 mm

Anzeige:
optisch: Anzeige von Stunden (I bis XII), Minuten (1 bis 60).
akustisch: Stunden und Achtelstunden.

Gehwerk:
Gehwerk mit Kette, Schnecke und Spindelhemmung.
Aufzug mit Schlüssel von der Werkrückseite.
Regulierung mit Regulierzeiger auf der Rückplatine.

Schlagwerk:
Repetitionsschlagwerk für die Stunden und Achtel, zwei Hämmer schlagen auf eine Glocke.

38 Taschenuhr

Rückplatine: sign. *Sebastian Friedl in Friedberg*
Zifferblatt: sign. *Seb. Friedl in Friedberg*
um 1820
Privatbesitz

Material:
Gehäuse: Silber, Schildpatt.
Zifferblatt: Email mit Blattfries und Signatur.
Werk: Messing (teilweise feuervergoldet) und Eisen (teilweise
gebläut).

Kat. Nr. 38

Maße:
Ø: 70 mm

Anzeige:
optisch: Anzeige von Stunden (I bis XII) und Minuten.

Gehwerk:
Gehwerk mit Kette, Schnecke und Spindelhemmung.
Aufzug mit Schlüssel von der Werkrückseite.
Regulierung mit Regulierzeiger auf der Rückplatine.

Silbergehäuse mit Perlstab, Rückseite mit Schildpatt besetzt. Werkrückseite graviert, Kloben rosettenartig gesägt
und gefeilt.

Kat. Nr. 39

FÜRSTENFELDER BENEDIKT (1680 – 1754)
39 Telleruhr

Rückplatine: sign. *Benedit Fürstenfelter Fridberg*
Ziffernring: sign. *Benedikt Fürstenfelter*
Anfang 18. Jahrhundert
Fürstlich Oettingen-Wallerstein'sche Sammlungen Schloß
Harburg (Baldern Nr. 295)

Material:
Zifferblatt: Kupfer versilbert.
Werk: Messing (teilweise feuervergoldet) und Eisen (teilweise
gebläut).

Maße:
Höhe: 465 mm

Anzeige:
optisch: Stunden (I bis XII).
akustisch: Stunden und Viertelstunden.

Gehwerk:
Gehwerk mit Schnecke, Spindelhemmung und Vorderpendel.

Ovales Zifferblatt mit von Perlstab gesäumtem, eingeleg-
tem Ziffernring, Vorderpendel mit Linse und Aufhänge-
ring. Stunden- und Minutenzeiger filigran ausgesägt. Das
Zifferblatt ist getrieben mit feinen gegenläufig geschwungenen Akanthusranken, seitlichen Fruchtgebinden, und im
Mittelfeld mit Bandelwerk und Rosetten. Die Rückseite
des Zifferblattes ist mit zwei Lorbeerzweigen bemalt.

Lit.: Klaus Maurice, Die deutsche Räderuhr, Band II, Nr.
754, München 1976.

40 Tischuhr (Monstranzuhr)

Zifferblatt: sign. *Fürstenfelder*
um 1710
Privatbesitz, ehem. Frau von Kaulla, Oberdischingen.
Standort unbekannt.

Maße:
Höhe: 700 mm

Anzeige:
optisch: Großes Zifferblatt: Stunden (I bis XII) und Minuten.
Kleines Zifferblatt: (I bis XII).
akustisch: Kleines Zifferblatt: Wecker.

Gehwerk:
Spindelhemmung mit Vorderpendel.
Repetition auf Schnurzug. (2x)

Die frühesten Beispiele dieser Monstranz- oder Spiegeluh-
ren, bei denen das runde Uhrwerk vertikal auf einem balusterartigen, reich verzierten Postament steht, sind aus dem
süddeutschen Raum, vor allem von Augsburg, bekannt.
Von B. Fürstenfelder stammt das Uhrwerk.
Lit. Georg Hirth, Der Formenschatz, Leipzig 1879, Fig. 12.
– Maurice II, Nr. 559 mit Abb.

41 Sechseckige Tischuhr

Rückplatine: sign. *B. Fürstenfelder Fridberg 645*
Zifferblatt: sign. *Firstenfelder*
um 1725
Friedberg, Heimatmuseum (Inv. Nr. 502)

Material:
Gehäuse: Bronze (feuervergoldet und versilbert).
Zifferblatt: Silber.
Werk: Messing (teilweise feuervergoldet und versilbert) und Eisen (teilweise gebläut).

Maße:
Höhe: 70 mm, Breite: 73 mm

Anzeige:
optisch: Stunden (I bis XII) und Minuten.
akustisch: Stunden und Viertelstunden.

Gehwerk:
Gehwerk mit Kette, Schnecke und Spindelhemmung.
Aufzug mit Schlüssel von der Werkrückseite.

Schlagwerk:
Rechenschlagwerk für die Stunden und Viertelstunden mit einem Hammer auf Glocke – selbstschlagend, kann aber mit einem Hebel bei der VI auch von Hand ausgelöst werden. Mit dem Hebel bei der III läßt sich die Schlagmechanik abschalten. Aufzug mit Schlüssel von der Werkrückseite her.

Sechs gedrückte Kugelfüße, verglaste Gehäuseseiten und sechseckiges Zifferblatt in entsprechendem vorkragendem Rahmen, mit Blattranken graviert, Champlevé-Zifferblatt. Kloben mit puttenartigem Kopf, Mittelrosette, Arkanthusblattwerk und Fabelwesen.

Kat. Nr. 41

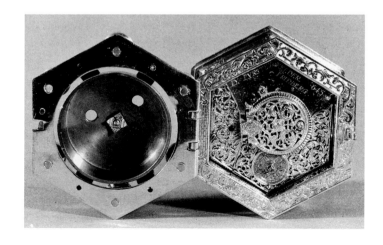

60

42 Sechseckige Tischuhr

Rückplatine und Zifferblatt: sign. *Firstenfeldr/Fridberg*
um 1730
London, Victoria & Albert Museum (Inv. Nr. 178 – 1866)

Material:
Gehäuse: Messing feuervergoldet.
Zifferblatt: Silber; Zeiger: Eisen.
Werk: Messing feuervergoldet.
Glocke: Silber.

Maße:
Höhe: 93 mm, Breite: 100 mm, Ø: 100 mm

Gehwerk:
Gehwerk mit Kette, Schnecke und Spindelhemmung.

Sechseckige Tischuhr mit eingerollten Füßen, profilierter
Bodenplatte, verglasten Seiten und Messingappliken an den
Ecken. Champlevé-Zifferblatt, eingelassen in profilierte,
reich mit vegetabilem Dekor gravierte Deckplatte.
Erworben: Christie's London, 8. – 12. Mai 1866, Lot 417,
the Property of G. H. Morland Es.

Kat. Nr. 42

Kat. Nr. 43

Kat. Nr. 43

43 Sechseckige Tischuhr

Rückplatine: sign. *Benedick Firsten Feldr.*
2. Viertel 18. Jahrhundert
Mailand, Museo Poldi-Pezzoli (Inv. Nr. 555, 1973)

Material:
Gehäuse: Bronze feuervergoldet.
Werk: Messing (teilweise feuervergoldet) und Eisen (teilweise gebläut).
Beschläge: Silber.

Maße:
Ø: 85 mm

Anzeige:
optisch: Anzeige von Stunden (I bis XII) und Minuten.
akustisch: Stunden und Viertelstunden.

Gehwerk:
Gehwerk mit Kette, Schnecke und Spindelhemmung.

Schlagwerk:
Vier viertelschlag

Sechseckige Tischuhr mit reichem graviertem und appliziertem Dekor. Eingerollte Füße, profilierte Bodenplatte, an den Ecken der verglasten Seitenwände Messingappliken von Frauenköpfen und auf der profilierten, gravierten Deckplatte Champlevé-Zifferblatt eingelassen. Kloben mit Mittelrosette, Akanthusblattwerk, seitlich asymmetrisch Köpfe von Fabelwesen.

Lit.: Maurice, Deutsche Räderuhr, II, Nr. 630, München 1976

44 Tisch mit Tischuhr und Spielwerk

Werk und Zifferblatt: sign. *Benedictus Firstenfelder Fridtberg*
Auf den Silberbeschlägen des Zifferblattes der Augsburger Stadtpyr
um 1725
München, Bayerisches Nationalmuseum (Inv. Nr. R 3792)

Material:
Gehäuse: Eiche, Fichte, farbig gefaßt, lackiert, teilweise polimentvergoldet.
Werk: Messing (teilweise feuervergoldet) und Eisen.

Maße:
Höhe der Uhr (ohne Tisch): 1305 mm, Höhe des Tisches: 780 mm, Tiefe: 780 mm

Anzeige:
optisch: Anzeige von Stunden (I bis XII), Minuten und Datum (1 bis 31).
akustisch: Wecker, Schlagwerk für die Viertelstunden, Spielwerk für sechs Melodien auf neun Glocken.

Gehwerk:
Gehwerk mit Kette, Schnecke und Spindelhemmung.

Schlagwerk:
Getrennte Laufwerke für das Stunden- und Viertelstundenschlagwerk (Glocken fehlen). Eigenes Werkgestell für das Spielwerk, stündliche Auslösung mit neun Glocken.

Tisch und Uhrgehäuse in chinesischem Geschmack mit bunter Lackmalerei. Tisch mit Lambrequins und balusterartigen Füßen, verbunden durch Spangen, die in der Mitte ein Podest tragen, auf dem ein geschnitzter Chinese sitzt. Auf der Tischplatte Stutzuhr mit mehrfach profiliertem Sockel auf eingerollten Füßchen, je zwei Säulen, verkröpftem Gebälk und je zwei Balustervasen, geschweiftem Aufsatz mit gedrückter Kuppel und bekrönender Gottheit auf einem Drachen. Gehäuse ringsum verglast.
Zifferblatt oben segmentbogenförmig geschlossen, das Rankenwerk getrieben und durchbrochen. Großer, versilberter Ziffernring mit Stellscheibe des Weckers in der Mitte, oben zwei kleineren Zifferblättern, rechts für die Abstellung des Schlagwerks, links die Regulierung der Pendellänge, unten zwei Medaillons. Im oberen Kreissegment Pendel mit Rosette. Im unteren Bereich, ebenfalls durchbrochen gearbeitet, aber vergoldet und mit Seiden-

stoff unterlegt, inmitten von Akanthusblattwerk eine Hirschjagd. Dahinter Glockenspiel, das sechs Stücke auf neun Glocken spielt.

Die Uhr wurde für die Münchener Residenz geschaffen. Für den Hof war eine Lackiererwerkstatt in Nymphenburg, Pagodenburg, tätig, die möglicherweise dieses Gehäuse fertigte (Dr. Georg Himmelheber, München).

Lit: Bassermann-Jordan, Die Geschichte der Räderuhr unter besonderer Berücksichtigung der Uhren des Bayer. Nationalmuseums, Frankfurt 1905, S. 85, Anm. 31, S. 91, Nr. 76. –
Maurice Bd. II, Nr. IX mit weiterer Literatur.

45 Kutschenuhr

sign. *Binedict Fürstenfelder Aiche Fecit*
Aichach, um 1710
Privatbesitz

Material:
Schutzgehäuse: mit Leder bezogen.
Gehäuse: Silber getrieben.
Zifferblatt: Champlevé.
Werk: Messing (teilweise feuervergoldet) und Eisen (teilweise
gebläut).

Maße:
Ø: 100 mm

Anzeige:
optisch: Anzeige von Stunden (I bis XII) und Minuten sowie
Mondphase und Mondalter.

Gehwerk:
Gehwerk mit Kette, Schnecke und Spindelhemmung.

Die Uhr ist als außergewöhnliches Stück angeführt im
Auktions-Katalog Patrizzi 2, Nr. 146: Als seltene astronomische Kutschenuhr mit automatischem Vierviertelschlag sowie Wecker und Kalender. Die Uhr ist nach
bisheriger Kenntnis das einzige Werk Fürstenfelders, das
aus seiner Aichacher Zeit erhalten ist. Es könnte, verglichen
mit der als Meisterstück gekennzeichneten Kutschenuhr
des Aichacher Uhrmachers Judas Thadäus Thafferner
(sign. *Jud. Thad. Thafferner, Meisterstück Aicha* im Kunstgewerbemuseum Budapest, Inv. Nr. 80.414) sein Meisterstück gewesen sein.
Schutzgehäuse Messing, bezogen mit Fischhaut. Übergehäuse Silber, ziseliert und getrieben mit Zweigen und Vögeln, in der Mitte graviert mit einer Dorfszene. Champlevé-
Zifferblatt mit Öffnungen für Kalender und Mondphase.
Kleines Fenster unten für das Datum. Sehr schönes, reich
dekoriertes Werk.

46 Kutschenuhr

Rückplatine: sign. *Benedi=FürstenFelder Fridberg*
um 1725
Friedberg, Heimatmuseum (Inv. Nr. 1990/449)

Material:
Übergehäuse: Messing feuervergoldet und mit Leder überzogen,
fehlt.
Gehäuse: Bronze feuervergoldet.
Zifferblatt: Email (nicht original).
Werk: Messing (teilweise feuervergoldet) und Eisen (teilweise
gebläut).

Maße:
Ø: 95 mm

Anzeige:
optisch: Anzeige von Stunden (I bis XII) und Minuten.
akustisch: Stunden und Viertelstunden.

Gehwerk:
Gehwerk mit Kette, Schnecke und Spindelhemmung.
Aufzug mit Schlüssel von der Werkrückseite.
Regulierung mit Regulierscheibe auf der Rückplatine.

Schlagwerk:
Schloßscheibenschlagwerk für die Stunden und Viertelstunden
auf eine Glocke im Gehäuseboden. Die Stunden werden nur zur
vollen Stunde geschlagen (petite sonnerie). Das Schlagwerk wird
alle Viertelstunden automatisch ausgelöst, kann aber auch von
Hand über einen Drücker bei der VI ausgelöst werden.

Gehäuse, durchbrochen und graviert. Großes Rundme-
daillon mit Landschafts- und Architekturprospekt, von
Blattstab eingefaßt, graviert.
Runder Spindelkloben mit Muschel, Früchtekorb, Rosette
in der Mittelachse und symmetrisch dazu aus dem Korb
pickende Adlerköpfe, in den Ranken Kopf eines Fabeltieres und eine Schlange.

Lit.: N. R: Fränkel's Uhrensammlung, hrsg. von H. Frauberger, Düsseldorf 1913, Nr. 90.

Kat. Nr. 46

47 Kutschenuhr

Rückplatine: sign. *Benedict FürstenFelter Fridtberg*
um 1730
Friedberg, Heimatmuseum (Inv. Nr. 1984/111)

Material:
Gehäuse: Silber.
Zifferblatt: Silber, Champlevé.
Werk: Messing (teilweise feuervergoldet) und Eisen (teilweise gebläut).

Maße:
Ø: 97 mm

Anzeige:
optisch: Anzeige von Stunden (I bis XII), Minuten und Datum (1 bis 31).
akustisch: Stunden und Achtelstunden. Wecker.

Gehwerk:
Gehwerk mit Kette, Schnecke und Spindelhemmung.
Aufzug mit Schlüssel von der Werkrückseite.
Regulierung mit Regulierzeiger auf der Rückplatine.

Schlagwerk:
Repetitionsschlagwerk für die Stunden und Achtelstunden, schlägt mit zwei Hämmern auf eine Glocke im Gehäuseboden; das Schlagwerk wird durch Ziehen an der Schnur ausgelöst.
Wecker: Aufzug mit Schlüssel von der Werkrückseite. Einstellung der Weckzeit mit Stellscheibe im Zentrum des Zifferblattes.

Hohes Silbergehäuse hinten glatt. Kartuschen oben (Scharnier) und unten mit Landschaft. Rand durchbrochen; Akanthusblattwerk und pickende schwanenartige Vögel auf Bandelwerk. Gravuren. Zifferblatt von geriefeltem Messingreif umgeben; rundes Datumfenster, aufgelegte Weckerscheibe. Minutenzeiger gedreht, Stundenzeiger gesägt. Spindelkloben mit symmetrischem Bandelwerk und Akanthusblattwerk.

Kat. Nr. 47
Rückplatine und Gehäuse

Zifferblattseite

48 Kutschenuhr mit Übergehäuse

Rückplatine: sign. *Firstenfelder Fridberg*
Zifferblatt: sign. *Firsten/Felder*
um 1725
St. Petersburg, Ermitage (Inv. Nr. E-17340)

Material:
Übergehäuse: Silber.
Gehäuse: Silber.
Zifferblatt: Silber, Champlevé.
Werk: Messing (teilweise feuervergoldet) und Eisen (teilweise gebläut).

Maße:
Ø: 120 mm

Kat. Nr. 48

Anzeige:
optisch: Anzeige von Stunden (I bis XII) und Minuten.
akustisch: Wecker.

Gehwerk:
Gehwerk mit Kette, Schnecke und Spindelhemmung.

Das in Silber getriebene und punzierte Gehäuse stellt eine Jagdszene dar: ein berittener Jäger, gefolgt von drei Hunden, schießt auf einen fliehenden Hirsch. Die Waldlandschaft mit verschiedenen Sträuchern und Bäumen wird von Rocaillebögen eingefaßt.
Die Spindelbrücke fällt stilistisch aus der Reihe der Friedberger Kloben und Brücken heraus. Sie besteht aus einem dünnen Reif und Gitter von stilisierten vierblättrigen Blüten mit Mittelrosetten.

49 Reiseuhr

Sign. *Benedict Firsten Feldr*
Zifferblatt: sign. *Firstenf/Fridberg*
Anfang 18. Jahrhundert
Aukt. Kat. Christie's New York, 3. 4. 1985, Nr. 211

Maße:
Höhe: (mit Griff) 255 mm

Anzeige:
optisch: Anzeigen von Stunden (I bis XII) und Minuten.
akustisch: Stunden und Viertelstunden auf zwei Glocken.

Gehwerk:
Gehwerk mit Kette, Schnecke und Spindelhemmung.

Tragbare Uhr in Form einer kleinen Kutschenuhr, auf gedrückten Füßen stehend, mit Tragegriff.
Vergleiche diese Uhr mit der von Konrad Hüseler im Katalog der Uhrensammlung von Dr. Antoine-Feill (1855 – 1922) in Hamburg 1929 publizierten Nr. 372 Standuhr mit Griff, Höhe: 255 mm, sign. *Fristenef Fridberg*. Bis auf das rückwärtige Zifferblatt mit Planetendarstellungen und kleiner Landschaft entsprechend.

50 Taschenuhr mit Übergehäuse

Rückplatine: sign. *Benedik FirstenFelder*
Zifferblatt: sign. *Firsten/Feldr*
um 1730
London, Victoria & Albert Museum (Inv. Nr. 130 – 1923)

Material:
Messing (teilweise feuervergoldet und Eisen (teilweise gebläut).

Maße:
Höhe: Ø: 79 cm, Dicke: 35 mm

Anzeige:
optisch: Anzeige von Stunden (I bis XII) und Minuten.

Gehwerk:
Gehwerk mit Kette, Schnecke und Spindelhemmung.
Aufzug mit Schlüssel von der Werkrückseite.
Regulierung mit Regulierzeiger auf der Rückplatine.

Schlagwerk:
Aufzug mit Schlüssel von der Werkrückseite.

Übergehäuse silbern, durchbrochen und graviert, ebenso das Gehäuse. Kloben: Bandelwerk und Akanthusranken. Erworben: Alfred Williams Hearn Gift, 1923.

51 Taschenuhr mit Übergehäuse

Rückplatine: sign. B. Fürstenfelder
um 1730
Basel, Historisches Museum (Inv. Nr. 1919.183)

Material:
Übergehäuse: Silber.
Gehäuse: Silber.
Zifferblatt: Email.
Werk: Messing (teilweise feuervergoldet) und Eisen (teilweise gebläut).

Maße:
Höhe: 67 mm, Breite: 42 mm, Dicke: 28 mm

Anzeige:
akustisch: Stunden und Viertelstunden, Viertelstundenrepetition.

Gehwerk:
Gehwerk mit Kette, Schnecke und Spindelhemmung.
Aufzug mit Schlüssel von der Werkrückseite.
Regulierung mit Regulierzeiger auf der Rückplatine.

Schlagwerk:
Eine Glocke.

Übergehäuse aus Silber getrieben, durchbrochen und graviert. Mittelkartusche mit sitzender, gerüsteter Athena als Hüterin von Kunst und Wissenschaft, tangiert von vier Kartuschen mit geflügelten Eroten. Dazwischen Bandelwerkdekor. Hohes Gehäuse mit durchbrochen gearbeitetem Akanthusblattwerk und Bandelwerk. Kloben mit Kopf und symmetrischem Akanthusdekor.

Herkunft: Legat Marie Bachofen-Vischer.

Kat. Nr. 51

GAIL, MATTHIAS (1633 – 1705)
52 Telleruhr, getragen von Chronosfigur

Rückplatine: sign. *Mattheus Geyll Inn Fridtberg*
um 1680
Uhrensammlung K. Kellenberger, Winterthur (Inv. Nr. USK. 55)

Material:
Gehäuse: Messing, versilbert.
Zierreif: Silber.
Glocke: Bronze.
Werk: Messing (teilweise feuervergoldet) und Eisen (teilweise gebläut).
Skulptur: Lindenholz, geschnitzt.

Maße:
Höhe: 860 mm, Teller-Breite: 295 mm, Werk-Ø: 108 mm

Anzeige:
optisch: Stunden (I bis XII), Minuten, Mondphasen und Mondalter.

Gehwerk:
Gehwerk mit Kette, Schnecke und Spindelhemmung.
Aufzug mit Schlüssel von der Zifferblattseite.

Schlagwerk:
Schloßscheibenschlagwerk für die Stunden auf eine Glocke – selbstschlagend.

Rundes, getriebenes und gepunztes, von Blattstäben eingerahmtes Zierblatt mit 4 Putten, Früchtearrangements und Akanthusblattwerk, nach oben in lockerem Umriß giebelartig mit Akanthusblattwerk und drei Blüten abgeschlossen. Das silberne Champlevé-Zifferblatt mit römischen Stunden und arabischen Datumsangaben ist in der Mitte graviert mit Blütenranken und ausgeschnitten. Dahinter geschwärzte Messingscheibe mit getriebenen Sternen und Ausschnitt für ein weiteres Messingblatt, auf dem die Zahlen 1 – 12 für den Wecker und die Mondphase angegeben

sind. Der Mond ist eingraviert, die Sterne sind getrieben, umgeben von blauem mit Ätztinte gefärbtem Himmel. Das Schaublatt (Teller) ist auf eine Eisenplatte aufgeschraubt. Die geflügelte Chronosfigur sitzt auf einem geschweiften, versilberten Holzsockel und hält in ihrer Rechten eine Sense, in der Linken das Stundenglas. Mitte 18. Jh.

Lit.: G. H. Baillie 1947, S. 121. – Konrad Kellenbergers Uhrensammlung im Winterthurer Rathaus, H. v. Bertele: Winterthurer Jahrbuch 1971. – Schweizerischer Kunstführer: Uhrensammlung Kellenberger Winterthur, R. Weiss/ Gesellschaft für Schweizerische Kunstgeschichte, Basel 1974.

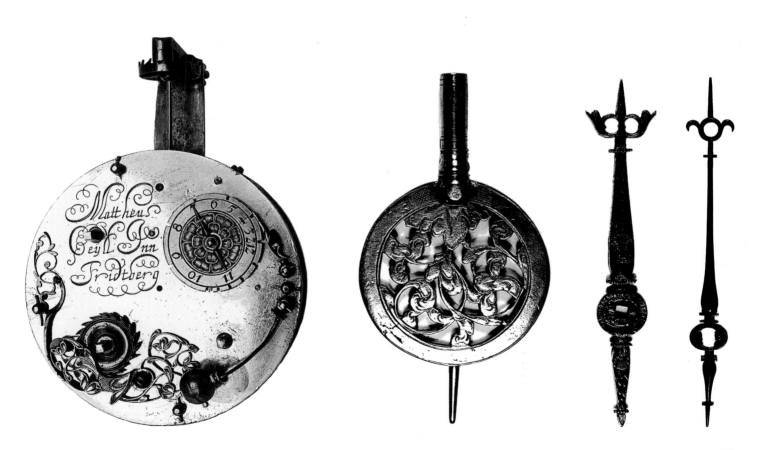

Kat. Nr. 53

72

Kat. Nr. 54

73

53 Wanduhr (Telleruhr)

Rückplatine: sign. *Matthias Geyll Fridtberg*
um 1700
Friedberg, Heimatmuseum (Inv. Nr. 519)

Material:
Zifferblatt: Eisen, Kupfer getrieben und versilbert.
Zeiger: Bronze feuervergoldet.
Werk: Messing (teilweise feuervergoldet) und Eisen (teilweise gebläut).

Maße:
Tiefe: 115 mm, Höhe: 550 mm, Breite: 375 mm

Anzeige:
optisch: Stunden (I bis XII).
akustisch: Stunden.

Gehwerk:
Gehwerk mit Kette, Schnecke und Spindelhemmung.
Aufzug mit Schlüssel von der Werkrückseite.

Schlagwerk:
Schloßscheibenschlagwerk für die Stunden auf eine Glocke – selbstschlagend.
Aufzug mit Schlüssel von der Werkrückseite her.

Der Ziffernring ist von einem runden, nach unten und oben bogenförmig erweiterten Zifferblatt eingefaßt. Der reichhaltige Dekor ist symmetrisch geordnet. Zwischen Muschelformen in den Achsen und seitlichen Perl- und Stabfriesen ist der Schild mit Putten, einer Maske, Blumenbukett, Fabelwesen und gegenläufigen Akanthusranken in dichter Folge geschmückt. Gesichter von Fabelwesen, erscheinen knospenhaft in den Ranken.

54 Wanduhr (Telleruhr)

Rückplatine: sign. *Mattheus Geyll Fridtberg*
um 1700
Bad Wörishofen, Privatbesitz.

Material:
Gehäuse: Bronze oder Messing.
Teller: Kupfer, feuervergoldet.
Werk: Messing (teilweise feuervergoldet) und Eisen (teilweise gebläut).

Maße:
Höhe: 50 cm (mit Ring), Ø: 39 mm

Anzeige:
optisch: Anzeige von Stunden (I bis XII).

Gehwerk:
Gehwerk mit Kette, Schnecke und Spindelhemmung.

Schlagwerk:
Schlagwerk mit Hammer auf Glocke.

Rundes Zifferblatt mit aufgelegtem Ziffernring und eingravierten, geschwärzten römischen Zahlen. Stundenzeiger. Schmuckreif mit getriebenen Blüten und Akanthusblattwerk. Vier Rundmedaillons mit lorbeerbekränzten männlichen Köpfen. Außen gewellte Leiste. Das Zifferblatt ist auf ein Eisenblech montiert.
Das Werkgehäuse ist seitlich und auf der Rückseite ausgesägt mit gravierten Blütenranken.
Unveröffentlicht.

55 Wanduhr (Telleruhr)

Rückplatine: sign. *Matthias Geyll*
Werk: um 1700, Zifferblatt: um 1740
Privatbesitz.

Material:
Zifferblatt: Kupfer getrieben, feuervergoldet, Zeiger: Eisen.
Ziffernring: Kupfer, versilbert.
Werk: Messing (teilweise feuervergoldet) und Eisen (teilweise gebläut).

Maße:
Werk Ø: 105 mm, Höhe: 365 mm, Breite: 300 mm

Kat. Nr. 55

Anzeige:
optisch: Stunden (I bis XII).
akustisch: Stunden.

Gehwerk:
Gehwerk mit Kette, Schnecke und Spindelhemmung.
Aufzug mit Schlüssel von der Zifferblattseite.

Schlagwerk:
Schloßscheibenschlagwerk mit Storchenschnabelauslösung für
die Stunden auf eine Glocke – selbstschlagend.
Aufzug mit Schlüssel von der Zifferblattseite.

Rückplatine

Zifferblatt aus der Zeit des Rokoko: aus Rocaillen und
gefiederten Muscheln und Blattformen gebildet. Aufhän-
gering.

56 Tischuhr (Nachtlichtuhr)

Rückplatine: sign. *Matthias Geyll*
Werk: um 1700, Gehäuse: um 1620 – 1640
Friedberg, Heimatmuseum (Inv. Nr. 1991/280)

Kat. Nr. 56

Material:
Gehäuse: Ebenholzfurnier, Messingbeschläge.
Zifferblatt: Eisen polychrom bemalt.
Werk: Messing (teilweise feuervergoldet) und Eisen.

Maße:
Werk-Ø: 95mm. Höhe: 578 mm, Breite: 370 mm

Anzeige:
optisch: Stunden (I bis XII) und Viertelstunden. Eine Scheibe dreht sich hinter dem Zifferblatt, sichtbar von dieser Scheibe ist nur ein Segment. Vom Beginn des Segments links bis zum Ende des Segments rechts dauert die Drehung eine Stunde (*, I, II, III, *). Der goldene Kreis in der sich drehenden Scheibe zeigt die Stunden an (I bis XII): Das Uhrwerk verändert stündlich die Ziffer in dem goldenen Kreisausschnitt.

Gehwerk:
Gehwerk mit Kette, Schnecke, Spindelhemmung und Pendel. Aufzug mit Schlüssel von der Werkrückseite.

Altarartiges Gehäuse auf gedrückten Kugelfüßen stehend, mit zwei Säulen auf Sockeln und Gesims mit Voluten und Giebelaufsatz. Die auf Kupfer gemalte romantische Landschaft wird im oberen Drittel von einem Segmentbogen für das Zifferblatt durchbrochen, unten drei arkadenförmige Öffnungen zur Durchsicht auf das Pendel.
Das Uhrwerk dürfte nachträglich in das Gehäuse von 1620 – 1640 eingefügt worden sein.

Erworben: München 1991.

57 Kutschenuhr

Rückplatine: sign. *Mattheis Gaill*
um 1700
London, Victoria & Albert Museum, (Inv. Nr. 4532 – 1858)

Material:
Gehäuse: Messing, feuervergoldet.
Zifferblatt: Silber.

Werk: Messing (teilweise feuervergoldet) und Eisen (teilweise gebläut).

Maße:
Ø: 83 mm, Dicke: 59 mm

Anzeige:
optisch: Anzeige von Stunden (I bis XII) und Minuten.
akustisch: Stunden und Viertelstunden. Wecker.

Gehwerk:
Gehwerk mit Kette, Schnecke und Spindelhemmung.
Aufzug mit Schlüssel von der Werkrückseite.
Regulierung mit Regulierzeiger auf der Rückplatine.

Schlagwerk:
Schloßscheibenschlagwerk für die Stunden und Viertelstunden auf eine Glocke im Gehäuseboden, die Viertelstunden werden mit zwei, die Stunden mit einem Hammer angeschlagen. Die Stunden werden nur zur vollen Stunde geschlagen (petite sonnerie). Für die Viertelstunden und die vollen Stunden hat das Schlagwerk jeweils ein eigenes Laufwerk. Aufgezogen werden beide Federn von der Werkrückseite her mit einem Schlüssel.
Das Schlagwerk wird alle Viertelstunden automatisch ausgelöst.

Gehäuse durchbrochen gearbeitet mit großen verschiedenartigen Blüten. Kloben: über Männerkopf symmetrisch Ranken. Die zwei unteren in Köpfe von Fabelwesen auslaufend.

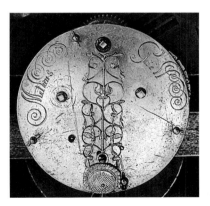

Kat. Nr. 56
Details

GLENK, MARTIN (– 1741)
58 **Kutschenuhr mit Übergehäuse**

Rückplatine: sign. *Martin Glenckh Fridberg*
um 1730
Berlin, Staatliche Museen Preußischer Kulturbesitz, Kunstgewerbemuseum (Inv. Nr. 1982.65)

Material:
Gehäuse: Silber.
Zifferblatt: Email.

Kat. Nr. 57

Kat. Nr. 58

Werk: Messing (teilweise feuervergoldet) und Eisen (teilweise gebläut).

Maße:
Uhr-Ø: 98 mm, Gehäuse-Ø: 116 mm, Lederfutteral-Ø: 135 mm

Anzeige:
optisch: Anzeige von Stunden (I bis XII), Minuten (1 bis 60) und Datum (1 bis 31).
akustisch: Stunden, Viertelstunden und Wecker.

Kat. Nr. 58

Übergehäuse

Gehwerk:
Gehwerk mit Kette, Schnecke und Spindelhemmung

Schlagwerk:
Eine Glocke im Gehäuseboden.

Gehäuse aus Silber getrieben, durchbrochen und graviert. In Mittelkartusche Darstellung von Apoll auf Wolken, links und rechts Muse und Minerva, seitlich in Kartuschen die vier Elemente.

Werk reich graviert, Kloben mit Frauenkopf, Bandelwerk und Akanthusranken.

HAGN, JOHANN (1761 – ?)
59 Taschenuhr

Rückplatine: sign. *Johan Hagn in Friedberg H 19*
Auf dem Regulierzifferblatt: sign. *Joh: Michl: Bökh*
Zifferblatt: sign. *J. M. B.*
um 1800
Ulm, Deutsches Brotmuseum (Inv. Nr. 0-5500-1984)

Material:
Übergehäuse: mit Schildpatt belegt, Silbernägel.
Gehäuse: Silber, Gold, Email, Minutenzeiger: Silber. Stundenzeiger: Messing.

Maße:
Ø: 55 mm, Dicke: 15 mm

Anzeige:
optisch: Anzeige von Stunden (I bis XII) und Minuten.

Gehwerk:
Gehwerk mit Kette, Schnecke und Spindelhemmung.
Aufzug mit Schlüssel von der Werkrückseite.
Regulierung mit Regulierzeiger auf der Rückplatine.

In der Mitte des Zifferblattes in Emailmalerei: zwei Löwen halten ein Mühlrad, darüber Aufschrift der Initialen F.M.B. für den Besitzer der Uhr, den Müllermeister Johann Michael Bökh, Aichach.
Auf der Spindelbrücke aus Messing erscheint in Silberauflage, ausgeschnitten, nochmals dasselbe Bild, auf der Regulierscheibe der Namenszug, s. o. Auf der Rückplatine sind aus Silber ausgeschnitten, folgende Müllerwerkzeuge: Zirkel und Richtscheit und Geräte zum Aushauen und Schärfen eines Mahlsteines, die Mühlpicke zum Behauen.
Die Uhr kam aus der aufgelösten Sammlung des Grafen Rademann in Berlin zu einem Privatsammler nach Ulm und dann in das Deutsche Brotmuseum in Ulm. (Hans Schmid, Aichach eine Stadt der Uhrmacher, in: Aichacher Zeitung, Nr. 295, am 24. – 26. 12. 986, S. 36 ff.

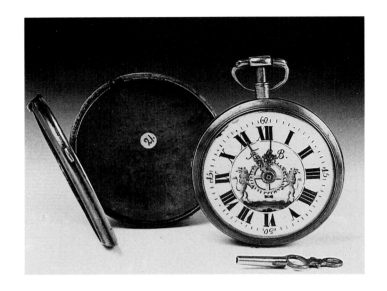

Kat. Nr. 59

60 Taschenuhrwerk (Fragment) mit Zifferblatt

Rückplatine: sign. *Johan Hagn Nr. 414*
um 1800
Friedberg, Heimatmuseum (Inv. Nr. 547)

Material:
Werk: Messing (teilweise feuervergoldet), Eisen (teilweise gebläut) und Rubin.

Maße:
Ø: 40 mm

Anzeige:
optisch: Anzeige von Stunden (I bis XII) und Minuten.

Gehwerk:
Gehwerk mit Kette, Schnecke und Spindelhemmung.
Aufzug mit Schlüssel von der Werkrückseite.
Regulierung mit Regulierzeiger auf der Rückplatine.

HAGN, CASPAR (1787 geboren)
61 Wanduhr (Bilderrahmenuhr)

Zifferblatt: sign. *Caspar Hagn in Pesth*
um 1820
Budapest, Historisches Museum – Kiscelli Museum (Inv. Nr. 29 341)

Material:
Gehäuse: Holz, schwarz gelackt, vergoldet.
Zifferblatt: Email und Messing, vergoldet, Zeiger: Eisen.
Werk: Messing.

Maße:
50,5 cm x 40,5 cm x 20 cm

Anzeige:
optisch: Anzeige von Stunden (I bis XII) und Minuten sowie Datum (1 bis 31).

Kat. Nr. 61

Gehwerk:
Wiener Werk mit Vierviertelschlag auf Tonfeder.

Holzgehäuse aus Pest. Rechteckiger Rahmen, profiliert, schwarz gelackt, mit Eierstabdekor, vergoldet. Darunter querovaler Ausschnitt für Pendelsicht.
Erworben aus der Stadtauktion Nr. 136, 1949, für 121 fl.

HAPPACHER, PHILIPP (1711 – 1792)

62 Taschenuhr mit Automat der Hubertuslegende

Werk: sign. *Philip Hapacher*
um 1770
Friedberg, Heimatmuseum (Inv. Nr. 548)

Material:
Gehäuse: Kupfer vergoldet.
Zifferblatt: Email.
Werk: Messing (teilweise feuervergoldet) und Eisen (teilweise gebläut).

Maße:
Ø: 50 mm

Anzeige:
optisch: Anzeige von Stunden (1 bis 12) und Minuten.
Automat: Hubertus und der Hirsch bewegen sich im Minutenrhythmus auf den Baum in der Mitte zu. Sie sind in eine Landschaftsszene mit Reiter, Jäger und Hund eingebettet. Unten bewegen sich ein Hund und ein Schwein durch die Landschaft.

Gehwerk:
Gehwerk mit Kette, Schnecke und Spindelhemmung.
Aufzug mit Schlüssel von der Zifferblattseite zwischen II und III.
Regulierung mit Regulierzeiger auf der Rückplatine.

Kat. Nr. 62

Vergleiche die Taschenuhr mit Automat von Philipp Happacher im Louvre mit der Szene der Verkündigung an Maria, Kat. Nr. 63.

63 Taschenuhr mit Automat

Rückplatine: sign. *Philip Happacher*
um 1770
Paris, Musée du Louvre (Inv. Nr. OA 8351)

Material:
Gehäuse: Gold.
Zifferblatt: Email.
Werk: Messing (teilweise feuervergoldet) und Eisen (teilweise gebläut.

Maße:
Ø: 56 mm, Dicke: 30 mm

Anzeige:
optisch: Stunden (I bis XII) und Minuten.

Gehwerk:
Gehwerk mit Kette, Schnecke und Spindelhemmung.

Die bewegliche Szene bedeckt die Werkrückseite: der Erzengel Gabriel erscheint, Maria kniet nieder und die Taube des Hl. Geistes erscheint von oben.
Taschenuhren mit denselben Automaten sind auch noch in Museen in Le Locle (Schweiz) und in Madrid zu sehen. Es dürfte sich bei Philipp Happacher um den Kleinuhrenmacher in Friedberg handeln und nicht um seinen Verwandten gleichen Namens in Wien. Vergleiche die Automatenuhr von Philipp Happacher (1711 – 1792, Friedberg) im Heimatmuseum Friedberg Inv. Nr. 548, mit der Hubertuslegende. (Kat. Nr. 62)

Lit.: Catherine Cardinal, Catalogue des Montres du Musée du Louvre, Tome I, Nr. 189, Paris 1984.

HAPPACHER, BARTHOLOMÄUS (1749 – 1826)
64 Taschenuhr

Rückplatine: sign. *Barthlmäus Happacher*
um 1800
Friedberg, Heimatmuseum (Inv. Nr. 1990/485)

Material:
Gehäuse: Silber
Zifferblatt: Email.
Werk: Messing (teilweise feuervergoldet) und Eisen (teilweise gebläut).

Maße:
Ø: 50 mm

Anzeige:
optisch: Anzeige von Stunden (I bis XII) und Minuten.

Gehwerk:
Gehwerk mit Kette, Schnecke und Spindelhemmung.
Aufzug mit Schlüssel von der Zifferblattseite bei der II. Regulierung mit Regulierzeiger auf der Rückplatine.

Kat. Nr. 64

HAPPACHER, XAVER (1795 – 1855)
65 Taschenuhr

Rückplatine: sign. *Xaver Happacher in Friedberg*
Gehäuse gestempelt: *589, F3 und CGT*
um 1825
Friedberg, Privatbesitz

Material:
Gehäuse: Gold.
Zifferblatt: Email.
Werk: Messing (teilweise feuervergoldet) und Eisen (teilweise gebläut).

Maße:
Ø: 29 mm, Höhe: 40 mm, Dicke: 13 mm.

Anzeige:
optisch: Anzeige von Stunden (I bis XII) und Minuten.

Gehwerk:
Gehwerk mit Kette, Schnecke und Spindelhemmung.
Aufzug mit Schlüssel von der Zifferblattseite zwischen II und III.
Regulierung mit Regulierzeiger auf der Rückplatine.

Damenührchen mit geschlossenem Goldgehäuse. Flaches Werk. Spindelbrücke mit Rankenwerk.

Kat. Nr. 65, Spindelbrücke

HÄCKL, CONRAD (1686 – 1743)
66 Kutschenuhr

Rückplatine: sign. *Conrad Häckhel 232*
Zifferblatt: sign. *Häckhel*
um 1725

Material:
Gehäuse: Bronze vergoldet.
Zifferblatt: Messing, geätzt und vergoldet. Minutenzeiger ergänzt (Goetze Werke Friedberg).
Werk: Messing (teilweise feuervergoldet) und Eisen (teilweise gebläut).

Maße:
Ø: 99 mm

Anzeige:
optisch: Anzeige von Stunden (I bis XII) und Minuten (1 bis 60).
akustisch: Stunden und Viertelstunden (petite sonnerie).

Gehwerk:
Gehwerk mit Kette, Schnecke und Spindelhemmung.
Aufzug mit Schlüssel von der Werkrückseite.
Regulierung mit Regulierzeiger auf der Rückplatine.

Schlagwerk:
Schloßscheibenschlagwerk für die Stunden und Viertelstunden auf eine Glocke im Gehäuseboden, die Viertelstunden werden mit zwei, die Stunden mit einem Hammer angeschlagen. Die Stunden werden nur zur vollen Stunde geschlagen (petite sonnerie). Für die Viertelstunden und die vollen Stunden hat das Schlagwerk jeweils ein eigenes Laufwerk, aufgezogen werden beide Federn von der Werkrückseite her mit einem Schlüssel.
Das Schlagwerk wird alle Viertelstunden automatisch ausgelöst.

Gehäuse durchbrochen gearbeitet. Rückseite: Kupferplatte graviert mit Krone und dem Buchstaben S, kalligraphisch.
Runder Spindelkloben mit Mittelrosette und symmetrisch angeordnetem Bandelwerk, Ranken und zwei die Flügel hebenden Vögeln mit geöffneten Schnäbeln. Gravuren.

HECKEL, JOHANN (1673 – 1743)
67 Taschenuhr mit Übergehäuse

Rückplatine: sign. *Johann Heckel*
um 1725
Friedberg, Heimatmuseum (Inv. Nr. 1986/331)

Material:
Gehäuse und Übergehäuse: Silber.
Zifferblatt: Silber, Champlevé.
Werk: Messing (teilweise feuervergoldet), Eisen (teilweise gebläut) und Rubin.

Maße:
Ø: 60 mm
Höhe: (Beutel, genäht): 100 mm, Breite (Beutel, genäht): 135 mm
Höhe: (Beutel, gehäkelt): 110 mm, Breite (Beutel, gehäkelt): 70 mm

Anzeige:
optisch: Anzeige von Stunden (I bis XII) und Minuten.
akustisch: Wecker.

Gehwerk und Schlagwerk:
Gehwerk mit Kette, Schnecke und Spindelhemmung.
Aufzüge mit Schlüssel von der Werkrückseite. Regulierung mit Regulierscheibe auf der Rückplatine. Einstellung der Weckzeit mit Stellscheibe im Zentrum des Zifferblattes.

Übergehäuse: Silber, durchbrochen und graviert mit Akanthusblattwerk. In der Mitte der Rückseite Landschaftskartusche mit zwei Putten.
Silbergehäuse, glatt mit Schallschlitzen.
Die Front der Uhr mit Messingreif, silbernem Zifferblatt mit deutlich abgesetzten matten und polierten Stellen sowie die gebläute Scheibe in der Mitte um die Zeigerwelle, ist sehr sorgfältig ausgeführt.
Runder Kloben mit dichtem Bandel- und Akanthuswerk. Wohl original zugehörige Beutel, einer gehäkelt, der andere genäht aus Seidenstoff, mit farbigen Blumen bestickt, Silberborten. Seidenschnüre zum Zusammenziehen.

Kat. Nr. 67

68 Taschenuhr mit Übergehäuse

Rückplatine: sign. *Johan Heckel*, auf Zifferblatt sign. *Hekkel fecit*
um 1725
Friedberg, Heimatmuseum (Inv. Nr. 1987/4)

Anzeige:
optisch: Anzeige von Stunden (I bis XII) und Minuten und Datum (1 bis 31).

Gehwerk:
Gehwerk mit Kette, Schnecke und Spindelhemmung.
Aufzug mit Schlüssel von der Werkrückseite.
Regulierung mit Regulierzeiger auf der Rückplatine.

Übergehäuse: Silber, durchbrochen, getrieben, graviert.
Vier Oval-Medaillons mit Köpfen. Achtpaßige Mittelkartusche mit Bandelwerk, Fratzen, Fabeltieren und Blattornamentik.
In der Mitte des Zifferblattes halten ein steigender Löwe und ein steigendes Einhorn eine Kartusche mit der gravierten Aufschrift: *Heckel fecit.* Unten Datumsfenster.
Runder Kloben mit Mittelrosette, gegenständigen Vögeln auf Bandelwerk und dichtem Akanthusblattwerk, sehr fein gearbeitet.

Material:
Gehäuse und Übergehäuse: Silber.
Zifferblatt: Silber, Champlevé.
Werk: Messing (teilweise feuervergoldet) und Eisen (teilweise gebläut).

Maße:
Ø: 58 mm

69 Taschenuhr mit Übergehäuse

Rückplatine: sign. *Johan Heckhel*
Zifferblatt: sign. *Johann Heckhel*
1700 – 1710
London, The British Museum (Inv. Nr. 1958. 1201-683)

Material:
Übergehäuse: Messing mit Chagrinleder.
Gehäuse: Messing, feuervergoldet.
Zifferblatt: Messing, feuervergoldet, Champlevé-Technik.
Werk: Messing (teilweise feuervergoldet), Eisen (teilweise gebläut) und Rubin.

Maße:
Ø: 52,60 mm, Ø-Übergehäuse: 60 mm

Anzeige:
optisch: Anzeige von Stunden (I bis XII) und Minuten.

Gehwerk:
Gehwerk mit Kette, Schnecke und Spindelhemmung.
Regulierung mit Regulierscheibe auf der Rückplatine.

In der Mitte des Champlevé-Zifferblattes halten zwei Putten eine Kartusche mit dem Namen des Uhrmachers. Die Gehäuse scheinen später als das Werk zu sein.
Großer Kloben, durchbrochen und graviert mit Blumenranken und Adler.
Gekauft 1937 bei Ilbert in Brüssel, Museumsankauf 1958.

70 Taschenuhr mit Übergehäuse

Rückplatine: sign. *Johann Heckel*
um 1725
Basel, Historisches Museum (Inv. Nr. 1919.135)

Material:
Übergehäuse: Messing, lackiert.
Gehäuse: Silber.
Zifferblatt: Email.

Kat. Nr. 70

Werk: Messing (teilweise feuervergoldet), Eisen (teilweise gebläut) und Rubin.

Maße:
Höhe: 73 mm, Breite: 48 mm, Dicke: 32 mm.

Kat. Nr. 70

Anzeige:
optisch: Anzeige von Stunden (I bis XII) und Minuten.
akustisch: Stunden und Viertelstunden.

Gehwerk:
Gehwerk mit Kette, Schnecke und Spindelhemmung.
Regulierung mit Regulierscheibe auf der Rückplatine.

Schlagwerk:
Repetitionsschlagwerk für die Stunden und Viertelstunden.

Der hohe Rand des Silbergehäuses ist durchbrochen gearbeitet. Zwischen ornamentalen Friesen unterhalb des Scharniers eine gravierte Dorfszene, gegenüber eine grinsende Fratze in Kartusche. Dazwischen Blattranken mit Blüten, Köpfen von Fabelwesen und Bandelwerk. Der runde Kloben ist dicht ausgefüllt mit Akanthusblattwerk,

Bandelwerk, in der Mittelachse Rosette und Früchtekorb.
Herkunft: Legat Marie Bachofen-Vischer, 1919.

HECKEL, JOHANN und ZEIDLMAIR, ANDREAS (+ 1728) oder VITUS (+ 1720)
71 Taschenuhr mit Übergehäuse

Rückplatine: sign. *Heckel & Zeidlmair 446*
Zifferblatt: sign. *Jaques Broche & Compe A Berlin*
In beiden Gehäusen Silberstempel *MR.*
um 1720, Zifferblatt und Zeiger: Ende 18. Jahrhundert
Basel, Historisches Museum (Inv. Nr. 1919.137)

Material:
Übergehäuse: Silber.
Gehäuse: Silber.

Kat. Nr. 71

Zifferblatt: Email.
Zeiger: Messing.
Werk: Messing (teilweise feuervergoldet), Eisen (teilweise gebläut).
Glocke: Bronze.,

Maße:
Ø: 565 mm, Dicke: 24 mm

Anzeige:
optisch: Anzeige von Stunden (I bis XII) und Minuten.
akustisch: Stunden und Viertelstunden, Wecker.

Gehwerk:
Gehwerk mit Kette, Schnecke und Spindelhemmung. Regulierung mit Regulierscheibe auf der Rückplatine.

Schlagwerk:
Repetitionsschlagwerk für die Stunden und Viertelstunden.

Beide Gehäuse durchbrochen und graviert; Übergehäuse mit sechsseitig geschwungenem Mittelfeld, seitlich Muscheln, Fratzen, Vögel, Akanthusblattwerk und angedeutetes Bandelwerk. Ausbesserungen. Gehäuse zusätzlich mit Hunden und Schwänen. Runder Kloben mit symmetrischem Bandel- und Akanthusblattwerk.
Herkunft: Legat Marie-Bachofen-Vischer 1919.

HECKEL, FRANZ (1721 – 1776)
72 Taschenuhr mit Übergehäuse

Rückplatine: sign. *Frantz Heckel Fridtberg*
Zifferblatt: sign. *Frantz Heckel*
Am Pendant eine Punze *H* in Raute
um 1730 – 1740
Winterthur, Uhrensammlung K. Kellenberger (Inv. Nr. USK 95)

Material:
Übergehäuse: Silber.
Gehäuse: Silber.
Glocke: Bronze.
Zifferblatt: Silber.
Werk: Messing (teilweise feuervergoldet) und Eisen (teilweise gebläut).

Maße:
Gehäuse-Ø: 455 mm, Übergehäuse-Ø: 535 mm, Dicke: 25 mm.

Anzeige:
optisch: Anzeige von Stunden (I bis XII) und Minuten (1 bis 60).
akustisch: Stunden und Viertelstunden.

Gehwerk:
Gehwerk mit Kette, Schnecke und Spindelhemmung.

Kat. Nr. 71

Kat. Nr. 72

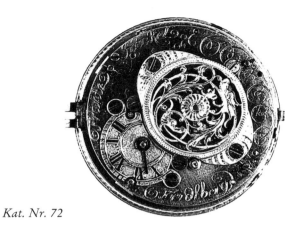

Kat. Nr. 72

Aufzug mit Schlüssel von der Werkrückseite.
Regulierung mit Regulierzeiger auf der Rückplatine.

Schlagwerk:
Repetitionsschlagwerk für Stunden und Achtelstunden auf Druck des Bügels.

Übergehäuse Silber, mit getriebener, gravierter und gepunzter Darstellung des am Boden sitzenden, an einen Warenballen angelehnten Merkur mit Flügelkappe und von zwei Schlangen umwundenem Stab. Auf dem gewölbten Deckel einer Geldkassette krähender Hahn sowie seitlich Faß und Warenballen. Im Hintergrund das Meer und ein Zweimaster-Segelschiff. Darüber schwebende Fortuna mit Schleier. Die Szene ist eingefaßt von Rocaillebögen und durchbrochenen Ranken.
Taschenuhr mit Champlevé-Zifferblatt und durchbrochen gearbeitetem, getriebenem und graviertem Silbergehäuse, zum glatten Boden hin mit gegenläufigen C-Gogen verziert.
Silberne Spindelbrücke mit Mittelrosette und Ranken.
Am 24. 11. 1953 gekauft von Dr. Opalinski, Wien.

Lit.: G. H. Baillie 1947, S. 148.

HECKEL, FRANZ JOSEPH (um 1725 – 1796)
73 **Taschenuhr**

Rückplatine: sign. *Frantz Joseph Hekhel*
1760 – 1780
St. Petersburg, Ermitage (Inv. Nr. E-17407)

Material:
Gehäuse: Gold, Email, 78 Rubine.
Zifferblatt: Email.

Maße:
Ø: 50 mm

Anzeige:
optisch: Anzeige von Stunden (I bis XII) und Minuten (1 bis 60)

Gehäuse getrieben, mit Blumengirlanden und -bouquets. Gerahmtes Mittelbild auf der Gehäuserückseite mit Brustbild einer jungen Dame mit Täubchen.
Emailzifferblatt mit getriebenen Zeigern und Rosetten zwischen den Stundenziffern.
Spindelbrücke mit locker verschlungenen asymmetrisch angeordneten Akanthusranken.

Kat. Nr. 73

HECKEL, JOHANN (um 1770 – 1823)
74 Taschenuhr

Rückplatine: sign. *Joh Hekel Friedberg*
Gehäuse: gestempelt *VD* und *2432*
um 1800
Friedberg, Heimatmuseum (Inv. Nr. 1989/295)

Material:
Gehäuse: Silber.
Zifferblatt: Email.
Werk: Messing, Eisen (teilweise gebläut) und Silber (Kloben),
Glassteine.

Maße:
Ø: 50 mm

Anzeige:
optisch: Anzeige von Stunden (I bis XII) und Minuten.

Gehwerk:
Gehwerk mit Kette, Schnecke und Spindelhemmung.
Aufzug mit Schlüssel von der Werkrückseite.
Regulierung mit Regulierzeiger auf der Rückplatine.

HELBIG, FRANZ CARL (– 1771)
75 Kutschenuhr mit Übergehäuse

Rückplatine: sign. *Frantz Carl Helbig Fridtberg*
Gehäuse: sign. *J. Bartermann*
um 1750
Augsburg, Städtische Kunstsammlungen (Inv. Nr. 5806)

Material:
Gehäuse: Silber.
Zifferblatt: Silber, Champlevé.
Werk: Messing (teilweise feuervergoldet), Eisen (teilweise gebläut).

Maße:
Ø: 118 mm, Höhe: 66 mm

Kat. Nr. 75

Anzeige:
optisch: Anzeige von Stunden (I bis XII) und Minuten.
akustisch: Stunden und Viertelstunden.

Gehwerk:
Gehwerk mit Kette, Schnecke und Spindelhemmung.
Regulierung mit Regulierscheibe auf der Rückplatine.

Schlagwerk:
Repetitionsschlagwerk für die Stunden und Viertelstunden auf
eine Glocke im Gehäuseboden.

Kat. Nr. 75

Übergehäuse in Silber getrieben mit Darstellung der Anbetung der Hirten vor einer Architekturkulisse. Im Vordergrund ein römischer Soldat mit Schäferschippe. Die Szene ist eingerahmt von bewegten Rocailleschwüngen und zum Rand hin durchbrochen gearbeitetem Rankenwerk. Auf der Stufe vorne bezeichnet: *J. Barterman.* Es handelt sich um Johann Bartermann d. J., der in Augsburg 1782 gestorben ist.

Das Zifferblatt ist an der Oberfläche zum Teil matt, zum Teil glatt bearbeitet und in verschiedenen Tiefen graviert. Die Basis des Klobens wird von einem gravierten bärtigen und grinsenden Männerkopf eingenommen, darüber, symmetrisch, verschlungenes Rankenwerk mit zwei Köpfen von Fabeltieren.

HENGGI, JOSEPH (vor 1785 – 1831)
76 Taschenuhr (Fragment) mit Zifferblatt

Rückplatine: sign. *Joseph Henggi a Friedberg*
um 1825
Friedberg, Heimatmuseum (Inv. Nr. 549)

Material:
Zifferblatt: Email.
Werk: Messing (teilweise feuervergoldet) und Eisen (teilweise gebläut).

Maße:
Ø: 41 mm

Anzeige:
optisch: Anzeige von Stunden (1 bis 12) und Minuten.
akustisch: Stunden und Viertelstunden.

Gehwerk:
Gehwerk mit Kette, Schnecke und Spindelhemmung.
Aufzug mit Schlüssel von der Zifferblattseite zwischen III und IV.
Regulierung mit Regulierzeiger auf der Rückplatine.

Schlagwerk:
Repetitionsschlagwerk für die Stunden und Viertelstunden, zwei Hämmer schlagen auf eine Glocke.

Rückplatine graviert mit Rankenmustern. Spindelbrücke mit radialen Stegen und Ranken.

KELLER, JOHANN MICHAEL (– 1679)
77 Viereckige Halsuhr

Sign. *Johan Michael Kheller*
um 1670
London, The British Museum (Inv. Nr. 1888, 1201.207)

Material:
Gehäuse: Messing, feuervergoldet.
Zifferblatt: Messing, feuervergoldet.
Werk: Messing (teilweise feuervergoldet).

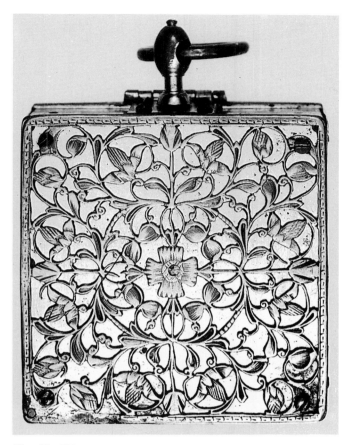

Kat. Nr. 77

Kat. Nr. 78

Maße:
37,4 x 37,4 mm, Dicke: 14,4 mm

Anzeige:
Stunden und Viertelstunden.

Gehwerk:
Gehwerk mit Darmseite, Schnecke und Spindelhemmung.

Quadratische Platinen mit vier Balusterpfeilern, Zifferblatt und Gehäuse belegt mit durchbrochenem, graviertem Gitter aus Blattranken. Teile des Werkes ergänzt.
Erworben: 1888 durch Ictavius Morgan.

KORNMANN, JOHANN (1640 – 1719)
78 Halsuhr in Form einer Tulpenblüte

Rückplatine: sign. *Johann Kornmann*
um 1670
München, Bayerisches Nationalmuseum (Inv. Nr. R 825)

Material:
Gehäuse: Silber.
Werk: Messing (teilweise feuervergoldet) und Eisen (teilweise gebläut).

Zifferblatt und Uhrwerk sind von einem Gehäuse in Form einer tulpenartigen Blütenknospe umgeben. Über drei durch Scharniere hochklappbaren Blütenblättern befinden sich Deckblatt und Ranke als Aufhängeöse.

Das ovale Zifferblatt zeigt innerhalb des Ziffernrings eine gravierte Landschaft mit einem Wanderer, der auf ein Tor zugeht, oben und unten gravierte Früchte.

79 Taschenuhr

Rückplatine: sign. *Johan Khoren Man*
1670 – 1680
Budapest, Kunstgewerbemuseum (Inv. Nr. 19.265)

Kat. Nr. 78

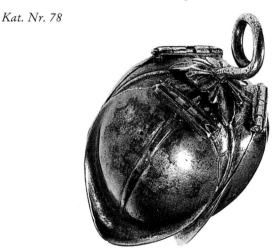

Maße:
Länge: 52 mm, Ø: 30 mm

Anzeige:
optisch: Anzeige von Stunden (I bis XII).

Gehwerk:
Gehwerk mit Kette, Schnecke und Spindelhemmung.
Aufzug mit Schlüssel von der Werkrückseite.

Kat. Nr. 79

Kat. Nr. 79

Material:
Gehäuse: Silber.
Werk: Messing (teilweise feuervergoldet) und Eisen (teilweise gebläut).

Maße:
Ø: ca. 60 mm

Anzeige:
optisch: Stunden (I bis VI und 7 bis 12); der Zeiger dreht sich in 12 Stunden zweimal.

Gehwerk:
Gehwerk mit Kette, Schnecke und Spindelhemmung.
Regulierung mit Regulierscheibe auf der Rückplatine.

Das Zifferblatt der einzeigerigen Uhr weist römische Stundenzahlen von I bis VI auf und arabische Ziffern darüber von 7 bis 12. Der Stundenzeiger dreht sich also in 12 Stunden zweimal.

80 Taschenuhr

Rückplatine: sign. *Johann Korenn Mann fecit*
um 1700
Budapest, Kunstgewerbemuseum (Inv. Nr. 53.522)

Material:
Gehäuse: Silber.
Werk: Messing (teilweise feuervergoldet) und Eisen (teilweise gebläut).

Maße:
Höhe: 73 mm, Ø: 52 mm, Dicke: 23 mm

Anzeige:
optisch: Stunden (I bis XII)
akustisch: Wecker.

Gehwerk:
Gehwerk mit Kette, Schnecke und Spindelhemmung.
Regulierung mit Regulierscheibe auf der Rückplatine.
Schlagwerk auf Glocke.

Taschenuhr mit silbernem Gehäuse und Übergehäuse. Champlevé-Zifferblatt und Weckerscheibe aus Messing. Runder Kloben mit feinem Akanthusrankenwerk.

Kat. Nr. 80

KREITTMAYR, JOHANN (– 1675)
81 Kutschenuhr

Rückplatine: sign. *Johann Kreitt Mayr*
um 1660
London, The British Museum (Inv. Nr. 1992/7-16.1)

Material:
Gehäuse: Silber, gegossen und getrieben, Niello.
Zifferblatt: Silber, Zeiger nicht original.
Werk: Messing (teilweise feuervergoldet).

Maße: Ø: 38 mm

Anzeige:
optisch: Stunden (I bis XII) und Minuten sowie Datum.
akustisch: Stunden und Viertelstunden, Wecker.

Gehwerk:
Gehwerk mit Kette, Schnecke und Spindelhemmung.
Gehäuse mit dunkelblauem bis schwarzem Niello und gravierten Silberbändern in Rosettenform, dazwischen Rankenwerk.
Zifferblatt mit eingravierter Inschrift, 19. Jh.
Rückplatine mit kräftig eingravierter Signatur.
Kloben und Fuß sehr fein ausgesägt mit eingerollten Ranken.
Kronrad, Spindel, Zeiger ersetzt.

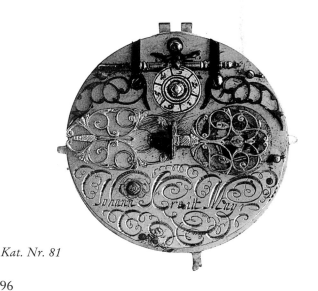

Kat. Nr. 81

KREITTMAYR, ELIAS I (1639 – 1697)
82 Tischuhr (rund) für den türkischen Markt

Rückplatine: sign. *Elias Kreitt Mayr Fridtberg*
um 1675
Friedberg, Heimatmuseum (Inv. Nr. 500)

Material:
Gehäuse: Silber, Bronze (feuervergoldet und versilbert), Rubin, Türkis und andere Steine.
Zifferblatt: Silber.
Werk: Messing (teilweise feuervergoldet und versilbert) und Eisen (teilweise gebläut).

Maße:
Ø: 95 mm

Anzeige:
optisch: Stunden (I bis XII in türkischer Schreibweise). Ein Putto dreht sich in zwölf Stunden einmal um sich selbst und zeigt mit einer Lanze die Stunden auf dem Zifferblatt an.

Gehwerk:
Gehwerk mit Kette, Schnecke und Spindelhemmung.
Aufzug mit Schlüssel von der Werkrückseite.

Schlagwerk:
Schlagwerk mit Kette, Schnecke, Spindelhemmung.
Aufzug mit Schlüssel von der Werkrückseite.

Über drei gedrückten Kugelfüßen zylindrischer Körper mit Gliederband, das mit roten und blauen Steinen besetzt ist. Darüber Kalotte aus Silberfiligran, Zifferblatt mit türkischen Ziffern. Kloben mit Scheinpendel.

83 Werk einer Wand- oder Tischuhr (Fragment)

Rückplatine: sign. *Elias Kreitt Mayr Fridtberg*
um 1675
Friedberg, Heimatmuseum (Inv. Nr. 501)
Material:
Werk: Messing (teilweise feuervergoldet) und Eisen (teilweise
gebläut).

Maße:
Ø: 95 mm

Anzeige:
optisch: Stunden (I bis XII).

Gehwerk:
Gehwerk mit Kette, Schnecke und Spindelhemmung.
Aufzug mit Schlüssel von der Werkrückseite.

Gehäusering mit umlaufendem Fries von Fabelwesen und
Fratzen zwischen Rollwerk. Rückplatine graviert mit kalligraphischen Schriftzügen der Signaturen und Erdbeer-
ranken sowie fischartigem Tier.

Kat. Nr. 83

84 Tischuhr mit astronomischen Angaben

sign. *Elias Kreitt Mayr Inn Fridtberg*
Ende 17. Jahrhundert
La Chaux-de-Fonds, Musée international d' horlogerie
(Inv. Nr. IV 154)
Material:
Gehäuse: Messing, graviert.
Zifferblatt: Silber.
Werk: Messing (teilweise feuervergoldet), Eisen (teilweise ge-
bläut).

Maße:
Höhe: 150 mm, Länge: 230 mm, Breite: 230 mm

Anzeige:
optisch: Stunden, Datum, Monate mit Tierkreiszeichen, Mondalter, Mondumlauf
akustisch: Schlagwerk

Gehwerk:
Gehwerk mit Kette, Schnecke und Spindelhemmung.
Schlagwerk mit drei Glocken.

Viereckige Tischuhr mit breiter Bodenplatte, geschlossenem Gehäuse und Deckplatte mit fünf Zifferblättern. Ge-
drehte, profilierte Füße und graviertes Gehäuse aus Messing. Innenfelder der Zifferblätter mit großen Blumen graviert. Rückplatine mit kalligraphischer Signatur und rundem Kloben mit symmetrischem Rankenwerk.

Kat. Nr. 83

85 Tischuhr

Zifferblatt: sign. *Elias Creitt Mayr Inn Fridtberg*
um 1695
Prag, Kunstgewerbemuseum (Inv. Nr. UPM 3901)

Material:
Gehäuse: Messing feuervergoldet.
Zifferblatt: Drei Ziffernblätter und seitliche Filigranfriese: versilbert. Messingzeiger für das Datum, Eisenzeiger für die Tage.
Glocke: Bronze.

Maße:
Höhe: 210 mm

Anzeige:
optisch: Vertikales Blatt: Stunden (I bis XII) und Minuten. Horizontales Blatt: Datum (1 bis 31) und Wochentage: Sol, Luna,

Mars, Mercur, Jupiter, Venus, Saturn mit jeweils eingravierten Personen und Zeichen. Rückseite vertikales Blatt: Kontrollzifferblätter für Stunden und Viertelstundenschlagwerk.
akustisch: Stunden und Viertelstunden.

Über vier gedrehten Messingfüßen und Grundplatte hochrechteckiger Stutzen mit Zifferblättern oben, auf der Vorder- und Rückseite, Hinterpendel. Die Zifferblätter sind graviert und geschwärzt. Großblättrige Blüten, vgl. *Neues Blumenbuch* von Christoff Schmidt, 1664, Kupferstiche. Die Glocke ist unterhalb der Grundplatte sichtbar.
Erworben: Auktion Nollet in Wien 1891.

Lit.: Libuše Urešová, Alte Uhren, Dausien, Hanau 1986, S. 100, Nr. 54.

86 Tischuhr, Spiegeluhr

Rückplatine: sign. *Kreitt Mair Inn Fridtberg*
Ende 17. Jahrhundert
Wien, Kunsthistorisches Museum (Inv. Nr. 1175)

Material:
Gehäuse: Holzkern, Silberblech, teilweise vergoldet, Email, Granaten, Amethyste, Türkise, Chrysolithe. Wohl Augsburger Arbeit.
Werk: Messing (teilweise feuervergoldet) und Eisen (teilweise gebläut).

Maße:
Höhe: 768 mm

Anzeige:
Fünf kleine Zifferblätter: Mitte: Stunden (I bis XII). Oben links: Tagesgötter. Oben rechts: Kalender mit Monaten und Anzahl der Tage. Links unten: Datum (1 bis 31). Rechts unten: Mondphase und Mondalter.

Gehwerk:
Gehwerk mit Kette, Schnecke und Spindelhemmung.

Auf einem dreiteiligen Fuß ist der „Spiegel" in Form eines rechteckigen Rahmens, in den das Uhrwerk mit fünf Zifferblättern eingelassen ist, mit Schaft und Nodus eingeschraubt. Die gesamte Oberfläche des mit vergoldetem Silberblech beschlagenen Holzkerns ist mit Emailreliefranken und Schmucksteinen besetzt, die Zifferblätter sind emailliert. Die Rückseite des „Spiegels" ist profiliert und zum Uhrwerk hin durch Flammleisten und aufgemalte Ranken verziert. Kalligraphischer Namenszug auf der Rückplatine.

Lit.: Maurice, Räderuhr II, Nr. 565.

Kat. Nr. 86

Gehäuserückseite Kat. Nr. 87 *Werkseite*

87 **Kutschenuhrwerk**

Rückplatine: sign. *Elias Creitt Mayr Fridberg*
um 1680
Genf, Musée de l'horlogerie et de l'émaillerie (Inv. Nr. 533)

Material:
Gehäuse: Bronze, feuervergoldet.
Werk: Messing (teilweise feuervergoldet) und Eisen (teilweise gebläut).

Maße:
Ø: 95 mm, Dicke: 56 mm, Höhe über Bügel: 125 mm

Anzeige:
optisch: Stunden (I bis XII).
akustisch: Stunden.

Gehwerk:
Gehwerk mit Kette, Schnecke und Spindelhemmung.

Schlagwerk:
Schloßscheibenschlagwerk für die Stunden auf eine Glocke im Gehäuseboden.

Gehäuse am Rande durchbrochen gearbeitet und am Gehäuseboden mit gravierten Ranken und Blüten mit Mittelrosette und drei beweglich gearbeiteten Blüten, die die Aufzuglöcher bedecken. Die Lunette ist mit Ranken graviert.
Der runde Kloben weist dünne Ranken und Blätter mit Blüten auf, an der Basis zwei Adlerköpfe.
Obere Platine, Zifferblatt und Zeiger fehlen.

Kat. Nr. 88

88 Kutschenuhr

Rückplatine: sign. *Elias Kreitt Mayr Inn Fridtberg*
um 1680
Furtwangen, Deutsches Uhrenmuseum (Inv. Nr. K 556)

Material:
Gehäuse: Silber.
Werk: Messing (teilweise feuervergoldet) und Eisen (teilweise gebläut).

Maße:
Ø: 107 mm, Dicke: 52 mm

Anzeige:
optisch: Stunden (I bis XII).
akustisch: Stundenselbstschlag, Wecker.

Gehwerk:
Gehwerk mit Kette, Schnecke und Spindelhemmung.

Einzeigerige Uhr mit Champlevé-Zifferblatt. Gehäuse durchbrochen und graviert mit Blattranken und großen Blüten.

Lit.: R. Mühe, H. Kahlert, B. Techen, Wecker, Deutsches Uhrenmuseum, Furtwangen, München 1991, Nr. 87.

89 Taschenuhr

sign. *Elias Creitt Mayr*
um 1680
Budapest, Ungarisches Nationalmuseum (Inv. Nr. Jank. 86)

Material:
Gehäuse: Silber.
Zifferblatt: Silber, Champlevé.
Werk: Messing (teilweise feuervergoldet), Eisen (teilweise gebläut).

Maße:
Ø: ca. 100 mm

Anzeige:
optisch: Anzeige von Stunden (I–XII), auf der Weckerscheibe die Initialen: *C.A.MD Fr.PARIZ d P.*
akustisch: Wecker.

Gehwerk:
Gehwerk mit Kette, Schnecke und Spindelhemmung.
Schlagwerk auf Glocke.

Kat. Nr. 89

Übergehäuse

Rückplatine

Das Silbergehäuse ist seitlich durchbrochen gearbeitet, am Rand mit Blatt- und Eierstab graviert und auf der Rückseite mit Blattranken und großformatigen Blüten. Vorlagen dazu dürften in dem Kupferstichwerk „Neues Blumenbuch" von Christoph Schmidt (1632 – um 1664, Augsburg) zu suchen sein.

Die Initialen auf dem Zifferblatt der Uhr bedeuten den Namen des Besitzers Ferenc Pariz Papai, einen berühmten ungarischen Wissenschaftler, der von 1649 bis 1716 lebte. Er studierte in Leipzig, Frankfurt/O, Heidelberg und machte seinen Dr. phil., dann in Basel den der Medizin und kehrte nach Ungarn zurück und verfaßte u. a. das Dictionarium Latino-Hungaricum.

Die Uhr gehört zum ältesten Bestand des Museums und stammt aus der Sammlung Jankovich.

90 Tischuhr (Werk)

Rückplatine: sign. *Elias Kreitmayr Friedberg*
um 1680
Seifhennersdorf, Sammlung Landrock (Inv. Nr. 13/197
1967)

Material:
Zifferblatt: Messing, feuervergoldet.
Ziffernring: in Kupferfarbe gestrichen.
Werk: Messing (teilweise feuervergoldet) und Eisen (teilweise
gebläut).

Maße:
Werk-Ø: 116 mm, Werk-Tiefe 52 mm, Zifferblatt-Höhe:
173 mm, Zifferblatt-Breite: 154 mm

Anzeige:
optisch: Stunden (I bis XII).
akustisch: Stunden.

Gehwerk:
Gehwerk mit Kette, Schnecke und Spindelhemmung.
Regulierung mit Regulierscheibe auf der Rückplatine.

Schlagwerk:
Schloßscheibenschlagwerk für die Stunden auf eine Glocke im
Gehäuseboden.

Das Uhrwerk mit Glocke und durchbrochen gearbeitetem
Gehäuse mit großblättrigen Blumenranken ist auf eine
Kupferplatte montiert, auf die das Messingzifferblatt auf-
geschraubt ist. Kloben mit Scheinpendel ist ergänzt.

91 Kutschenuhr

Rückplatine: sign. *Elias Kreitt Mayr Fridtberg*
um 1680 – 1690
Cambridge, England, The Fitzwilliam Museum (Inv. Nr.
M 105-1930)

Material:
Gehäuse: Silber (galvanisch hergestellt – 19. Jahrhundert!)
Zifferblatt: Silber in Champlevé-Technik.
Werk: Messing (teilweise feuervergoldet) und Eisen (teilweise
gebläut.)

Maße:
Ø: 106 mm, Höhe über Pendant: 160 mm, Dicke: 72 mm

Anzeige:
optisch: Anzeige von Stunden (I bis XII) und Minuten (1 bis 60).
akustisch: Stunden und Viertelstunden.

Gehwerk:
Gehwerk mit Kette, Schnecke und Spindelhemmung.
Aufzug mit Schlüssel von der Werkrückseite.
Regulierung mit Regulierzeiger auf der Rückplatine.

Schlagwerk:
Schloßscheibenschlagwerk für die Stunden und Viertelstunden
auf eine Glocke im Gehäuseboden, die Viertelstunden werden
mit zwei, die Stunden mit einem Hammer angeschlagen. Die
Stunden werden nur zur vollen Stunde geschlagen (petite sonnerie). Für die Viertelstunden und die vollen Stunden hat das
Schlagwerk jeweils ein eigenes Laufwerk, aufgezogen werden

Kat. Nr. 91

beide Federn von der Werkrückseite her mit einem Schlüssel. Das Schlagwerk wird alle Viertelstunden automatisch ausgelöst.

Gehäuse und Zifferblatt nicht original. Rückplatine graviert mit großen Blüten und Blattranken und einem geschwungenem Schriftband mit der Signatur: Elias Kreitt-Mayr Fridtberg. Runder Kloben mit zwei gewundenen, verzweigten Blattranken, am Fuß Adlerköpfe, auslaufend in spitzem Winkel.

92 Tischuhr, Stutzuhr

Rückplatine: sign. *Elias Kreitt Mayr Fecit Inn Fridtberg*
Werk: Ende 17. Jahrhundert, Gehäuse: 18. Jahrhundert
Prag, Kunstgewerbemuseum (Inv. Nr. 14432)

Material:
Gehäuse: Wurzelfurnier, Aufsatz: Bronze vergoldet. Vierseitig verglast.
Zifferblatt: Messing vergoldet.

Maße:
Höhe: 420 mm

Anzeige:
optisch: Stunden (I bis XII) und Minuten.

Zifferblatt und Rückplatine sind graviert mit großen Blumenmustern und kalligraphischen Schriftzügen, die auf Elias I weisen.
Behäbiges Gehäuse aus Wurzelholz in Form eines Schrankes mit profiliertem Sockelgeschoß auf gedrückten Kugelfüßen und Schublade für den Schlüssel, abgeflachten Seitenwänden und abschließendem geradem Gesims. Durchbrochen gearbeiteter Aufsatz mit Tragegriff weist Akanthusblattwerk auf.
Erworben: Angekauft von Jan. Novotny, Praha-Vinohrady, 1916.

Lit.: Libuše Urešová, Alte Uhren, Dausien Hanau 1986, S. 117.

Kat. Nr. 92

KREITTMAYR, ELIAS II (1676 – ca. 1720)
93 Stutzuhr

Rückplatine: sign. *Elias KreittMayr Inn Fridtberg*
um 1725
Friedberg, Heimatmuseum (Inv. Nr. 503)

Material:
Gehäuse: Holz schwarz lackiert.
Zifferblatt: Messing.
Zeiger: Eisen gebläut.
Werk: Messing und Eisen.
Glocken: Bronze.

Kat. Nr. 93

Maße:
Tiefe: 133 mm, Höhe: 520 mm, Breite: 315 mm

Anzeige:
optisch: Stunden (I bis XII) und Minuten.
akustisch: Stunden und Viertelstunden.

Gehwerk:
Gehwerk mit Kette, Schnecke, Spindelhemmung und Pendel.
Aufzug mit Schlüssel auf der Zifferblattseite.

Schlagwerk:
Rufschlagwerk für die Stunden und Viertelstunden auf eine Glok-
ke. Nach dem Ziehen an der Auslöseschnur schlagen zuerst die
Viertelstunden im Doppelton und dann die Stunden. Die Feder
wird durch das Ziehen an der Schnur gespannt; bei tragbaren

Rückplatine

Uhren nennt man diese Art Schlagwerk auch Repetitionsschlagwerk.

Schwarz gebeiztes Holzgehäuse auf vier gedrückten Kugelfüßen, mit profilierten Gesimsen, Messingappliken und
gedrehten Türmchen (z. T. ergänzt) sowie Tragegriff mit
sitzenden Putten.
Quadratisches Zifferblatt, oben halbkreisförmig geschlossen mit Bandelwerkdekor. Großer Ziffernring mit römischen Stunden.
Rückplatine mit Signatur in flächenfüllenden kalligraphischen Schwüngen, eingerahmt von Schuppenbordüre.
Teile des Räderwerks und der Schlagwerkmechanik sowie
die Spindel mit Pendel fehlen.

KURZ, SEBASTIAN (1743 – 1828)
94 Stutzuhr

Zifferblatt: sign. *Sebastian Kurtz in Brünn*
um 1775
Friedberg, Heimatmuseum (Inv. Nr. 1988/450)

Material:
Gehäuse: Holz schwarz lackiert. (Nicht original)
Zifferblatt: Messing und Kupfer versilbert.
Zeiger: Eisen gebläut.
Werk: Messing und Eisen.

Maße:
Tiefe 180 mm, Höhe: 480 mm, Breite: 330 mm

Anzeige:
optisch: Stunden (I bis XII) und Minuten, Tag und Monat,
Mondalter und Mondphase. Hilfszifferblätter zum Abstellen des
Schlagwerks (rechts) und zum Abstellen der Repetition.
akustisch: Stunden und Viertelstunden.

Gehwerk:
Gehwerk mit Darmseite und Schnecke sowie Ankerhemmung
mit Vorderpendel (sichtbar in einem Zifferblattausschnitt unter-
halb der XII), das eigentliche Pendel ist jedoch auf der Rückseite.
Aufzug mit Schlüssel auf der Zifferblattseite (Vierkant bei der
VI).

Schlagwerk:
Rechen-Schlagwerk für die Stunden und Viertelstunden auf jeweils eine Tonfeder – selbstschlagend. Zieht man an der Auslöseschnur schlägt die Uhr die vergangene Stunde.
Aufzug mit Schlüssel auf der Zifferblattseite Viertelstunden mit
dem Vierkant bei der III, die Stunden mit dem Vierkant bei der
IX).

In schlichtem schwarz gebeiztem Holzgehäuse (19. Jh.)
Zifferblatt und Uhrwerk des späten 18. Jh.

Kat. Nr. 94
Zifferblatt der Stutzuhr mit Signatur.

95 Tischuhr

Zifferblatt: sign. *Sebastian Kurz a Brünn*
Ende 18. Jahrhundert
Prag, Kunstgewerbemuseum (Inv. Nr. UPM 50 359)

Material:
Gehäuse: Schnitzarbeit gefaßt, vergoldet, bleiweiß.
Zifferblatt: Email.
Stunden- und Minutenzeiger: Messing, Datumzeiger: Eisen.
Werk: Messing und Eisen.

Maße:
Höhe: 660 mm. Werk: 130 x 120 mm

Anzeige:
optisch: Stunden (1 bis 12) und Minuten sowie Datum (1 bis 31).
akustisch: Stunden und Viertelstunden.

Gehwerk:
Pendel. Ankerhemmung.

Kat. Nr. 95

Schlagwerk:
Zwei Laufwerke: Rechenschlagwerk für die Stunden und Viertel-
stunden.
Repetition. Zwei Glocken Bronze, Schlagwerkabstellung.

Erworben: Nachlaß von Amy Bergravé, Prag 1960.

Lit.: Libuše Urešová, Alte Uhren, Dausien Verlag, Hanau
1986, Nr. 57.

LECHNER, FRANZ (∞ 1798 in Friedberg)
96 Taschenuhr

Zifferblatt und Rückplatine: sign. *Franz Lechner in Friedberg*
um 1800
Augsburg, Städt. Kunstsammlungen (Inv. Nr. 11730)

Material:
Gehäuse: Silber.
Zifferblatt: Email.
Werk: Messing (teilweise feuervergoldet) und Eisen (teilweise gebläut).

Maße:
Ø: 62 mm

Anzeige:
optisch: Sekunden (1 bis 60) aus der Mitte. Stunden (1 bis 12) und Minuten auf separatem Zifferblatt.

Gehwerk:
Gehwerk mit Kette, Schnecke und Spindelhemmung.
Aufzug vom Zifferblatt her bei der IV.

Flache Taschenuhr mit glattem Gehäuse und geriefeltem Rand. Spindelbrücke mit drei S-förmig geschlungenen Blattranken.

Kat. Nr. 96

Kommodenuhr

Zifferblatt: sign. *Franz Lechner in Augsburg*
um 1810
Augsburg, Städt. Kunstsammlungen (Inv. Nr. 8394)

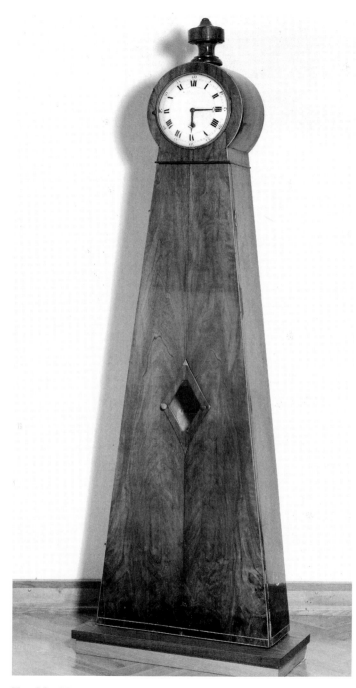

Kat. Nr. 97

LECHNER, MATTHÄUS (1778 – 1843)
97 Standuhr

Unsigniert. Zuschreibung nach mündlicher Tradition.
um 1825
Friedberg, Heimatmuseum (Inv. Nr. 497)

Material:
Gehäuse: Kirschbaumholz.
Zifferblatt: Email.
Werk: Messing und Eisen.

Maße:
Höhe: 1980 mm

Anzeige:
optisch: Stunden (I bis XII).

Gehwerk:
Gehwerk mit Kette und Gewicht, Ankerhemmung und Sekundenpendel.

Schlichter Uhrenkasten, pyramidal, direkt am Boden stehend, mit aufgesetztem rundem Gehäuse für das Uhrwerk. Urnenartige Bekrönung, Sichtfenster für das Pendel.

LENZ, PAUL (1770 – 1855)
98 Taschenuhr

Rückplatine: sign. *Paul Lenz in Friedberg*
Gehäuse: *Silvest Wörler* (graviert auf der Rückseite)
um 1800
Friedberg, Heimatmuseum (Inv. Nr. 550)

Material:
Gehäuse: Silber.
Zifferblatt: Email.
Werk: Bronze feuervergoldet, Messing, Eisen, Rubin.

Maße:
Ø: 53 mm

Anzeige:
optisch: Anzeige von Stunden (I bis XII) und Minuten (1 bis 60).
akustisch: Stunden und Viertelstunden.

Gehwerk:
Gehwerk mit Kette, Schnecke und Spindelhemmung.
Aufzug mit Schlüssel von der Werkrückseite.
Regulierung mit Regulierzeiger auf der Rückplatine.

Schlagwerk:
Repetitionsschlagwerk für die Stunden und Viertelstunden, zwei Hämmer schlagen auf eine Glocke.

Kat. Nr. 99

99 Taschenuhr

Rückplatine: sign. *Paul Lenz in Friedberg*
Gehäuse: gemarkt aber nicht lesbar, weil auspoliert
um 1825
Friedberg, Heimatmuseum (Inv. Nr. 511)

Material:
Gehäuse: Gold.
Zifferblatt: Email.
Werk: Bronze feuervergoldet, Messing, Eisen.

Maße:
Ø: 52 mm

Anzeige:
optisch: Anzeige von Stunden (1 bis 12) und Minuten (1 bis 60)
akustisch: Stunden und Achtelstunden.

Gehwerk:
Gehwerk mit Kette, Schnecke und Spindelhemmung.
Aufzug mit Schlüssel von der Zifferblattseite zwischen III und IV.
Regulierung mit Regulierzeiger auf der Rückplatine.

Schlagwerk:
Repetitionsschlagwerk für die Stunden und Achtelstunden, zwei Hämmer schlagen auf zwei Tonfedern.

100 Taschenuhr

Rückplatine: sign. *Paul Lenz in Friedberg*
Gehäuse: gemarkt *OM, 20, 1*
um 1825
Friedberg, Heimatmuseum (Inv. Nr. 1987/1412)

Material:
Gehäuse: Neusilber.
Zifferblatt: Email.
Werk: Messing (teilweise versilbert), Eisen.

Maße:
Ø: 54 mm

Anzeige:
optisch: Anzeige von Stunden (I bis XII) und Minuten (1 bis 60).

Gehwerk:
Gehwerk mit Kette, Schnecke und Spindelhemmung.
Aufzug mit Schlüssel von der Zifferblattseite bei der II.
Regulierung mit Regulierzeiger auf der Rückplatine.

101 Taschenuhr mit Schlüssel

Rückplatine: sign. *Paul Lenz in Friedberg*
um 1825
Privatbesitz (L 365)

Material:
Übergehäuse: Messing, Rückseite ursprünglich mit Schildpatt belegt.
Gehäuse: Kupfer.
Zifferblatt: Email.
Werk: Messing (teilweise feuervergoldet), Eisen (teilweise gebläut).

Maße:
Ø: 48 mm, Höhe: 70 mm, Dicke: 25 mm

Anzeige:
optisch: Anzeige von Stunden (I bis XII) und Minuten (1 bis 60).

Gehwerk:
Gehwerk mit Kette, Schnecke und Spindelhemmung.
Aufzug mit Schlüssel von der Zifferblattseite bei der II.
Regulierung mit Regulierzeiger auf der Rückplatine.

Gehäuse: glatt. Spindelbrücke mit Ranken und kleinen Rosetten. Rubin.

MAYR, JOHANN GEORG (um 1744 – 1819)
102 Taschenuhr

Rückplatine: sign. *Georg Mayr*
um 1800
Friedberg, Heimatmuseum (Inv. Nr. 554)

Material:
Gehäuse: Messing.
Werk: Messing (teilweise feuervergoldet), Eisen (teilweise gebläut) und Rubin.

Maße:
Ø: 48 mm
Anzeige:
optisch: Anzeige von Stunden (I bis XII) und Minuten.

Gehwerk:
Gehwerk mit Kette, Schnecke und Spindelhemmung.
Aufzug mit Schlüssel von der Zifferblattseite zwischen I und II.
Regulierung mit Regulierzeiger auf der Rückplatine.

MAYR, SEBASTIAN (1805 – 1884)
103 Taschenuhr

Rückplatine: sign. *A. F./Sebastian Mayr in Friedberg*
um 1830
Friedberg, Heimatmuseum (Inv. Nr. 557)

Material:
Gehäuse: Silber.
Zifferblatt: Email mit polychromer Malerei; Landschaftsszene mit Architektur, Wasser und Kühe.
Werk: Messing (teilweise feuervergoldet), Eisen (teilweise gebläut) und Rubin.

Maße:
Ø: 62 mm

Anzeige:
optisch: Anzeige von Stunden (I bis XII) und Minuten (1 bis 60).
akustisch: Stunden und Achtelstunden.

Gehwerk:
Gehwerk mit Kette, Schnecke und Spindelhemmung.
Aufzug mit Schlüssel von der Werkrückseite.
Regulierung mit Regulierzeiger auf der Rückplatine.

Schlagwerk:
Repetitionsschlagwerk für die Stunden und Achtelstunden, zwei Hämmer schlagen auf eine Glocke.

Kat. Nr. 103

NIGGL, JOSEPH (um 1723 geboren)
104 Tischuhr mit Taschenuhrwerk

Rückplatine: sign. *Joseph Niggl*
um 1780
Friedberg, Privatbesitz

Material:
Gehäuse: Messing.
Werk: Bronze feuervergoldet, Messing, Eisen (teilweise gebläut).

Maße:
Ø: 38 mm, Höhe des Gehäuses: 119 mm

Anzeige:
optisch: Anzeige von Stunden (I bis XII) und Minuten.

Gehwerk:
Gehwerk mit Kette, Schnecke und Spindelhemmung.
Aufzug mit Schlüssel von der Werkrückseite.
Regulierung mit Regulierzeiger auf der Rückplatine.

Das Taschenuhrwerk mit Emailzifferblatt und römischen Zahlen ist in einer verglasten Kapsel in ein flaches, ringsum geschweift ausgeschnittenes Messingblatt eingelegt. Die beiden Zeiger sind nur in Ansätzen vorhanden. Spindelbrücke mit lockerem Rankengeflecht und Kopf eines Fabeltieres, 2. Hälfte 18. Jh.

Lit.: Abeler, S. 454.

Kat. Nr. 104, Spindelbrücke

Kat. Nr. 105

POLLINGER, JOHANN WOLFGANG (∞ 1725 und 1733, bis 1761 erwähnt)
105 Kutschenuhr mit Übergehäuse

Rückplatine: sign. *Johann Wolfgang Pollinger Fridtberg*
Gehäuse: gemarkt unter der Glocke: IR; am Pendant *CA* und drei Mal im Gehäuseboden, vier Mal außen am Gehäuse; *A*, beides österr.-ungar. Marken
London, Victoria & Albert Museum, Metalwork Collection (Inv. Nr. 289-1854)

Material:
Übergehäuse: Silber.
Zifferblatt: Silber.
Werk: Messing (teilweise feuervergoldet) und Eisen (teilweise gebläut).

Maße:
Ø: 102 mm, Dicke: 60 mm, Höhe: 130 mm

Kat. Nr. 105

Anzeige:
optisch: Stunden (I bis XII) und Minuten.
akustisch: Stunden und Viertelstunden. Wecker.

Gehwerk:
Gehwerk mit Kette, Schnecke und Spindelhemmung.
Aufzug mit Schlüssel von der Werkrückseite.
Regulierung mit Regulierscheibe auf der Rückplatine.

Schlagwerk:
Repetitionsschlagwerk für die Stunden und Viertelstunden, zwei Hämmer schlagen auf eine Glocke. Abstellhebel für das Schlagwerk zwischen 55 und 60.

Getriebenes und gegossenes Übergehäuse mit Darstellung von Alexander und Diogenes, eingefaßt von geschweiftem profiliertem Rahmen mit vier Medaillons. Rand durchbrochen gearbeitet.
Gehäuse mit Bandelwerk und Akanthusranken. Runder Kloben mit Mittelrosette und Akanthusblattwerk.

REHLE, JOHANN (1684 – 1726)
106 **Kutschenuhr**

Rückplatine: sign. *Johann Rehle Früdtberg*
Zifferblatt: sign. *Joh. Rehle*
um 1720
Belgien, Privatsammlung (Inv. Nr. LI 46)

Material:
Schutzgehäuse: Messing, überzogen mit dunkelrotem Leder, Goldprägung
Zifferblatt: Silber (Champlevé).
Werk: Messing (teilweise feuervergoldet) und Eisen (teilweise gebläut).

Maße:
Werk-Ø: 100 mm, Gehäuse-Ø: 115 mm, Uhr: Höhe 150 mm, Höhe mit Gehäuse: 160 mm

Anzeige:
optisch: Stunden (I bis XII) und Minuten. Mondphase.
akustisch: Stunden und Viertelstunden. Wecker.

Gehwerk:
Gehwerk mit Kette, Schnecke und Spindelhemmung.
Aufzug mit Schlüssel von der Werkrückseite.
Regulierung mit Regulierscheibe auf der Rückplatine.

Schlagwerk:
Schloßscheibenschlagwerk für die Stunden und Viertelstunden auf eine Glocke im Gehäuseboden. Wecker.

Rotes Lederfutteral mit Goldprägung. Beiblatt mit der Aufschrift: aus: Property of the Prince of Friburg, graviert mit seinem Wappen. Verkauft von Christie's in Hailstone Collection, 20. 2. 1891.
Silbergehäuse am Rand durchbrochen gearbeitet.
Champlevé-Zifferblatt mit Namensgravur in Kartusche.
Datumsscheibe Messing, feuervergoldet, Scheibe mit Mondphase, Messing; Himmel als aufgelegte gebläute Stahlplatte.

Kat. Nr. 106

Kat. Nr. 107

RIEL, JOHANN (1780 – 1849)
107 Taschenuhr mit Übergehäuse und Schlüssel

Rückplatine: sign. *Riel*
um 1810
Friedberg, Heimatmuseum (Inv. Nr. 1988/340)

Material:
Übergehäuse: Gold mit Schildpatt belegt.
Gehäuse: Gold.
Zifferblatt: Email.
Werk: Messing (teilweise feuervergoldet), Eisen (teilweise gebläut) und Rubin.
Schlüssel: Schaumgold mit Zitrin

Maße:
Ø: 64 mm

Kat. Nr. 106

Kloben und -fuß sehr fein filigranartig gesägt: runde Form mit Frauenkopf, Akanthusblattwerk und Früchtekorb. Unpubliziert.

Kat. Nr. 107
Zylinderhemmung und Kadratur

Anzeige:
optisch: Anzeige von Stunden (I bis XII) und Minuten (1 bis 60).
akustisch: Stunden und Achtel.

Gehwerk:
Gehwerk mit Kette, Schnecke und Zylinderhemmung.
Aufzug mit Schlüssel von der Werkrückseite.
Regulierung mit Regulierzeiger auf der Rückplatine.

Schlagwerk:
Schlagwerk – selbstschlagend – für die Stunden und Viertelstunden; zwei Hämmer schlagen auf eine Glocke.
Aufzug mit Schlüssel von der Werkrückseite.
Kadraktur ist auf der Rückplatine montiert und nicht wie üblich auf der Vorderplatine.
Beim Herausklappen des Werks aus dem Gehäuse ist somit der gesamte Schlagwerksmechanismus sichtbar.

Die Uhr ist eine Stiftung der Friedbergerin Frau Franziska Rampp-Hartl an des Heimatmuseum 1988.

108 Taschenuhr mit Übergehäuse

Rückplatine: sign. *Johann Riel in Stadtamhof*
um 1820
Friedberg, Heimatmuseum (Inv. Nr. 1989/144)

Material:
Übergehäuse: Silber mit Schildpatt belegt.
Gehäuse: Silber.
Zifferblatt: Email.
Werk: Bronze feuervergoldet, Messing, Eisen (teilweise gebläut), Rubin.

Maße:
Ø: 66 mm

Anzeige:
optisch: Anzeige von Stunden (I bis XII) und Minuten (1 bis 60.
akustisch: Stunden und Achtelstunden.

Gehwerk:
Gehwerk mit Kette, Schnecke und Spindelhemmung.
Aufzug mit Schlüssel von der Werkrückseite.
Regulierung mit Regulierzeiger auf der Rückplatine.

Schlagwerk:
Repetitionsschlagwerk für die Stunden und Achtel, zwei Hämmer schlagen auf eine Glocke.

Kat. Nr. 108

RUMMEL, AUGUSTIN (1660 – 1706)
109 Taschenuhr mit Emailgehäuse

Rückplatine: sign. *Augustinus Rumell*
Gehäuse: sign. *Les frères Huaut* (Jean-Pierre et Amy Huaud, Genf)
um 1700
Paris, Musée du Louvre, Départment des Objets d'Art (Inv. Nr. OA 8447)

Material:
Gehäuse und Übergehäuse: Gold, Emailmalerei, Diamanten.
Zifferblatt: Email.
Werk: Messing (teilweise feuervergoldet) und Eisen (teilweise gebläut).

Maße:
Ø: 42 mm, Dicke: 28 mm

Anzeige:
optisch: Anzeige von Stunden (I bis XII) und Minuten.

Gehwerk:
Gehwerk mit Kette, Schnecke und Spindelhemmung.

Das Gehäuse ist gegenüber dem Pendant, der mit drei Diamanten geschmückt ist, signiert mit den Namen des Genfer Brüderpaares Jean-Pierre und Amy Huaud. Auf der Rückseite des Gehäuses Darstellung der „Caritas Romana" nach Simon Vouet (1590 – 1649). Den unschuldig zum Tode verurteilten Athener Bürger Kimon rettet seine Tochter vor dem Hungertod, indem sie ihm im Gefängnis die Brust reicht. Nachdem die Richter von dieser christlichen Nächstenliebe erfahren, sprechen sie Kimon nach erneuter Untersuchung frei. Die Brüder Huaud haben dieses Thema mehrmals gestaltet, s. Literatur. Auf dem contre-émail eine Landschaft mit Insel auf einem See. Außen auf dem Rand vier Landschaften mit verschiedenen Gebäuden an einem Fluß entlang.
Federhaus mit Ranken graviert. Großer Kloben mit Akanthusblattranken, ausgesägt und graviert.

Kat. Nr. 109

Lit.: E. Gschwind, F. X. Sturm, Genfer Uhren 1630 – 1720, Genf 1978, Nr. 20. – Fabienne Xavière Sturm, Anna Winter-Jensen, Montres genevoises du XVIIᵉ siècle, Genf 1982, Nr. 5.6.7. – Catherine Cardinal, Catalogue des Montres du Musée du Louvre, Tome I, Nr. 89, Paris 1984. – Catherine Cardinal, Die Zeit an der Kette, München 1985, S. 170, Nr. 135.

110 Taschenuhr mit Emailgehäuse

Rückplatine: sign. *Augustin Rummel*
Das Gehäuse ist in Genf entstanden.
Signiert unter einer der gelben Masken: *Les frères Huaut*
um 1700
Württembergisches Landesmuseum Stuttgart (Inv. Nr. 1968-118)

Material:
Gehäuse: Kupfer mit Emailmalerei.
Zifferblatt: Email.
Werk: Bronze feuervergoldet, Messing, Eisen (teilweise gebläut), Rubin.

Kat. Nr. 110

Maße:
Ø: 45 mm

Anzeige:
optisch: Stunden (I bis XII) und Minuten.

Gehwerk:
Gehwerk mit Kette, Schnecke und Spindelhemmung.
Regulierung mit Regulierzeiger auf der Rückplatine.
Aufzug von der Zifferblattseite her, bei der IIII.

Gehäuse mit feiner Emailmalerei, Brustbild einer Dame in gelb-violettem Kleid. Am Rand vier kleine Landschaftsskizzen zwischen gelben Masken. Auf der Innenseite als Contreémail Flußlandschaft mit Mann. Großer, runder Spindelkloben mit Akanthusblattwerk und Vögeln. Schutzgehäuse aus Messing, leicht graviert und mit Schildpatt außen besetzt.

Lit.: Jahrbuch d. Landesgewerbeamtes, Königliches Landesgewerbemuseum, Stuttgart, Bericht über das Jahr 1910, hrsg. Stuttgart 1911, Abb. 2.

111 Taschenuhr mit Übergehäuse

Rückplatine: sign. *Augustin Rummell*
Zifferblatt: sign. *Augustin Rumel*
Anfang 18. Jahrhundert
Paris, Musée du Louvre, Département des Objets d'Art
(Inv. Nr. OA 8407)

Material:
Gehäuse mit Übergehäuse: Gold.
Zifferblatt: Silber (Champlevé). Messing (feuervergoldet), Zeiger Eisen (gebläut).
Werk: Messing (teilweise feuervergoldet) und Eisen (teilweise gebläut).

Maße:
Gehäuse-Ø: 45 mm, Dicke: 27 mm. Übergehäuse-Ø: 52 mm, Dicke: 30 mm

Anzeige:
optisch: Anzeige von Stunden (I bis XII) und Minuten.
Das silberne Übergehäuse ist graviert.

Gehwerk:
Gehwerk mit Kette, Schnecke und Spindelhemmung.
Regulierung mit Regulierzeiger auf der Rückplatine.

In der Mitte Medaillon mit Joseph I. (1678 – 1711), König Roms 1690, Kaiser 1705, zu Pferd, von einer Siegesgöttin gekrönt. Diese Reiterfigur hat folgende Umschrift:

JOSEPHUS I. HUNG. ET. ROM. REX. Gravur des Gehäuses mit dichtem Akanthusblattwerk, mit Waffentrophäen, Tieren, Figuren, ebenso die Lunette.

Der Gehäusedekor ähnelt Kupferstichvorlagen von Paul Decker (1677 – 1713). Das Relief setzt sich deutlich gegen den gepunzten Grund ab.

Das Werkgehäuse ist glatt. Der silberne Stundenreif ist auf ein vergoldetes Messingblatt appliziert, auf dem zwei Putten die Kartusche mit Namensaufschrift des Uhrmachers halten.

Signatur des Werkes in einem ovalem Medaillon, umgeben von einer durchbrochenen, ziselierten Platte. Die runde Spindelbrücke ist symmetrisch mit zwei Vögeln, die einen Korb mit Früchten und Zweigen flankieren, ausgeprägt und graviert. Ausschnitt für ein Scheinpendel mit Sonne. Der Gehäusedekor ähnelt Kupferstichvorlagen von Paul Decker (1677 – 1713). Das Relief setzt sich deutlich gegen den gepunzten Grund ab.

Lit.: Catherine Cardinal, Catalogue des Montres du Musée du Louvre, Tome I, Nr. 87, Paris 1984.

RUMMEL, JOHANN BAPTIST (1689 – 1760)
112 **Kutschenuhr mit Übergehäuse**

Rückplatine: sign. *Baptista Rumell Fridtberg*
1720 – 1730
Biedenkopf, Privatbesitz

Material:
Schutzgehäuse: Holz mit grünem Chagrinleder bezogen, innen mit Samt und Seide gefüttert.
Übergehäuse und Gehäuse: Silber.
Zifferblatt: Email.
Werk: Messing (teilweise feuervergoldet), Eisen (teilweise gebläut).
Glocke: Bronze mit Silberanteil.

Maße:
Ø: 99 mm (Uhr), Ø: 113 mm (Übergehäuse), Ø: 134 mm (Schutzgehäuse), Dicke der Uhr mit Glas: 62 mm.

Kat. Nr. 112

Anzeige:
optisch: Stunden und Minuten sowie Datum.
akustisch: Stunden, Viertelstunden, Wecker.

Gehwerk:
Gehwerk mit Kette, Schnecke und Spindelhemmung.

Schlagwerk:
Repetitionsschlagwerk für die Stunden und Viertelstunden.

Übergehäuse aus Silber getrieben und ziseliert, am Rand durchbrochen mit floralen Mustern und Jagdszenen. Diana als Göttin der Jagd mit Tieren.
Gehäuse aus Silber: Durchbrochener Rand mit gravierten Kartuschen oben und unten. Gehäuseunterseite: Dorfansicht mit Fachwerkhäusern und Bauernpaar im Vordergrund auf Wiese.
Werk mit sechs vasenförmigen, verzierten Pfeilern. Runder Kloben mit hohem Fuß. Um Mittelrosette symmetrisch angeordnet: Akanthusranken mit angedeutetem Bandelwerk und Vögeln.
Vgl. die Gravur der Gehäuserückseite mit der der Kutschenuhr von Benedikt Fürstenfelder im Heimatmuseum Friedberg (1990/449).

SCHALLER, BALTHASAR (1662 – 1747)
113 Taschenuhr mit Übergehäuse

Rückplatine: sign. *Balthasar Schaller fecit*
Inschrift auf dem Gehäuserand
1690
München, Privatbesitz

Material:
Gehäuse: Silber.
Zifferblatt: Silber (Champlevé). Gebläute Stahlzeiger *Poker- and Beatle*
Werk: Messing (teilweise feuervergoldet) und Eisen (teilweise gebläut).

Maße:
Ø: 46 mm, Übergehäuse-Ø: 56 mm

Anzeige:
optisch: Stunden (I bis XII) und Minuten mit arabischen Ziffern. Am Zifferblatt außen schmaler gebläuter Stahlreif für die Tagesangabe durch kleinen Messingpfeil auf Monatstage-Kreis. Arabische Zahlen in Rhomben.

Gehwerk:
Gehwerk mit Kette, Schnecke und Spindelhemmung. Gangregelung durch Regulierzifferblatt mit arabischen Zahlen von 1 bis 6 auf Medaillons.
Aufzug mit Schlüssel von der Werkrückseite.

Das glatte Silbergehäuse mit originalem Mineralglas trägt auf der unteren Auflagefläche des Glasrahmens die kursive Gravur: *A. 1690 den 2. 7bra Sonabend vormittag umb 10 Uhr ist gebohren Philip Albrecht Hößlin. Dessen Gevatter bey der H. Tauff war Herr Samuel Bertermann. GCC.*
Zifferblatt in Champlevé-Technik mit Zeigerstellung über Vierkant auf der Zeigerwelle.
Ein Teil der Rückplatine ist graviert mit Akanthusblattranken und einem Putto, der ein geschwungenes Schriftband hält mit der Signatur *Baltasar Schaller Fecit*. Unruhkloben

Kat. Nr. 113

mit Mittelrosette und feinem verschlungenem Ranken-werk, ausgesägt und graviert. Ohne Deckstein.

114 Taschenuhr mit Scheibenindikation

Rückplatine: sign. *Balthasar Schaller*
Ende 17. Jahrhundert
Basel, Historisches Museum (Inv. Nr. 1919.333)

Material:
Gehäuse: Silber, graviert.
Zifferblatt: Silber (Champlevé), dahinter Messingscheibe mit auf-gelegtem, gebläutem Stahlblatt.
Werk: Messing (teilweise feuervergoldet) und Eisen (teilweise gebläut).

Maße:
Höhe: 67 mm, Ø: 46 mm, Dicke: 31 mm

Kat. Nr. 114

Anzeige:
optisch: Stunden (I bis VI). Der Zeiger ist hier eine sich drehende Scheibe (eine Umdrehung in 24 Stunden); Der Tag wird verkör-pert durch das Bild der Sonne, die Nacht durch das Bild des Mondes. Datum.

Gehwerk:
Gehwerk mit Kette, Schnecke und Spindelhemmung. Regulierung mit Regulierscheibe auf der Rückplatine. Aufzug mit Schlüssel von der Werkrückseite.

Das Zifferblatt zeigt im oberen Teil die Stunden von VI – XII und von XII – VI an und durch Mond und Sterne die Nachtzeit, durch die Sonne die Tageszeit. Die Scheibe mit den Gestirnen auf gebläutem Stahlgrund hebt sich gegen das übrige in Silber gravierte Blatt sehr schön ab. Im unte-ren Teil dichtes Akanthusblattwerk mit gekröntem Frau-enkopf und flankierenden Vögeln, unten Öffnung für die Datumsanzeige.
Kloben mit dichtem, von einem Mittelsproß ausgehendem Akanthusblattwerk.
Legat Marie Bachofen-Vischer, 1919.

115 Taschenuhr mit Übergehäuse

Rückplatine: sign. *Balthasar Schaller*
um 1725
Friedberg, Heimatmuseum (Inv. Nr. 1982/33)

Material:
Übergehäuse: Messing, vergoldet und mit Schildpatt belegt
Gehäuse: Bronze vergoldet.
Zifferblatt: Email und Messing versilbert.
Werk: Messing (teilweise feuervergoldet und Eisen (teilweise gebläut).
Glocke: Silber.

Maße:
Ø: 69 mm

Anzeige:
optisch: Anzeige von Stunden (I bis XII) und Minuten.
akustisch: Schlagwerk für die Stunden und Achtelstunden.

Gehwerk:
Gehwerk mit Kette, Schnecke und Spindelhemmung.
Aufzug mit Schlüssel von der Werkrückseite.
Regulierung mit Regulierscheibe auf der Rückplatine.

Schlagwerk:
Repetitionsschlagwerk für die Stunden und Achtel, ein Hammer schlägt auf eine Glocke.
Wecker: Aufzug mit Schlüssel von der Werkrückseite. Einstellung der Weckzeit mit Stellscheibe im Zentrum des Zifferblattes.

Übergehäuse mit grauem Schildpatt belegt, am Rand für den Schall ausgesägt. Sorgfältige Gravuren auch an den Gehäuserändern. Lunette und Übergehäuse sind gleichförmig mit Ranken und Strichmotiven graviert. Durchbrüche für den Schall.

Kat. Nr. 115

Hohes Gehäuse, graviert, Schallschlitze.
Emailzifferblatt als Ring mit Stunden- und Minutenangaben.
Kloben mit dichtem, nahezu symmetrischem Akanthusblattwerk und Mittelrosette.

116 Taschenuhr mit Wecker

Rückplatine: sign. *Balthasar Schaller*
um 1710
Basel, Historisches Museum (Inv. Nr. 1919.134)

Material:
Gehäuse: Silber.
Zifferblatt: Silber (Champlevé).
Werk: Messing (teilweise feuervergoldet) und Eisen (teilweise gebläut).

Maße:
Höhe: 68 mm, Ø:48 mm, Dicke: 30 mm

Anzeige:
optisch: Stunden (I bis XII) und Minuten.
akustisch: Stunden und Viertelstunden. Wecker.

Gehwerk:
Gehwerk mit Kette, Schnecke und Spindelhemmung.
Regulierung mit Regulierscheibe auf der Rückplatine.
Aufzug mit Schlüssel von der Werkrückseite.

Schlagwerk:
Repetitionsschlagwerk für die Stunden und Viertelstunden.

Hohes Gehäuse, am Rand durchbrochen gearbeitet mit dichtem Akanthusblattwerk und angedeutetem Bandelwerk. Boden mit Landschaftsszene graviert.
Champlevé-Zifferblatt mit großen Zahlen.
Kloben mit Fratze am Fuß, Akanthusblattwerk, Mittelrosette.
Legat Marie Bachofen-Vischer, 1919.

Kat. Nr. 117, Übergehäuse, Detail

SCHREINER, MATHIAS (∞ 1726)
117 Taschenuhr mit Übergehäuse

Rückplatine: sign. *Schreiner London*
Zifferblatt: *London*
um 1730
Friedberg, Heimatmuseum (Inv. Nr. 1988/69)

Material:
Schutzgehäuse: Messing, mit Rochenleder überzogen.
Gehäuse: Gold.
Zifferblatt: Champlevé, vergoldet.
Werk: Messing (teilweise feuervergoldet) und Eisen (teilweise gebläut).
Glocke: Silber.

Maße:
Ø: 66 mm

Anzeige:
optisch: Anzeige von Stunden (I bis XII), Minuten (1 bis 60).
akustisch: Stunden und Achtelstunden.

Gehwerk:
Gehwerk mit Kette, Schnecke und Spindelhemmung.

Aufzug mit Schlüssel von der Werkrückseite.
Regulierung mit Regulierscheibe auf der Rückplatine.

Schlagwerk:
Repetitionsschlagwerk für die Stunden und Achtel, zwei Hämmer schlagen auf eine Glocke.

Lederbezug des Schutzgehäuses an der Lunette defekt.
Übergehäuse: getrieben, durchbrochen, punziert. Reliefdarstellung: Poseidon mit Dreizack wird auf seinem Wagen von zwei Rössern durch das Meer gezogen.
Gehäuse, durchbrochen mit Akanthusblattwerk; Kartuschen oben und unten und seitlich Muscheln.
Sehr fein gearbeitetes Champlevé-Zifferblatt.

118 Taschenuhr mit Übergehäuse

Rückplatine: sign. *M. Schreiner Fridberg 470*
um 1725
Friedberg, Heimatmuseum (Inv. Nr. 1985/121)

Material:
Gehäuse und Übergehäuse: Kupfer feuervergoldet.
Zifferblatt: Email.
Werk: Messing (teilweise feuervergoldet) und Eisen (teilweise gebläut).

Maße:
Ø: 60 mm

Anzeige:
optisch: Anzeige von Stunden (I bis XII), Minuten und Datum (1 bis 31).

Gehwerk:
Gehwerk mit Kette, Schnecke und Spindelhemmung.
Aufzug mit Schlüssel von der Werkrückseite.
Regulierung mit Regulierscheibe auf der Rückplatine.

Schlagwerk:
Das Übergehäuse ist getrieben, graviert und punziert. Wappen, Muscheln, Rocaillen. Runder Kloben mit kalligraphisch verflochtenem Rankenwerk.
Zustand: Zeiger fehlen, Räderwerk fehlt.

SINGER, JOH. CHRISTOPH (ca. 1775 – 1843)
119 Taschenuhr mit Übergehäuse

Rückplatine: sign. *Christoph Singer in Fridberg*
um 1825
Friedberg, Heimatmuseum (Inv. Nr. 668)

Material:
Übergehäuse: mit Schildpatt belegt.
Gehäuse: Gold.
Zifferblatt: Email.
Werk: Messing (teilweise feuervergoldet), Eisen (teilweise gebläut) und Rubin.

Maße:
Ø: 62 mm

Anzeige:
optisch: Anzeige von Stunden (I bis XII) und Minuten (1 bis 60).
akustisch: Stunden und Achtelstunden.

Gehwerk:
Gehwerk mit Kette, Schnecke und Spindelhemmung.
Aufzug mit Schlüssel von der Werkrückseite.
Regulierung mit Regulierzeiger auf der Rückplatine.

Schlagwerk:
Repetitionsschlagwerk für die Stunden und Achtelstunden, zwei Hämmer schlagen auf eine Glocke.

120 Taschenuhr mit Schlagwerk

Rückplatine: sign. *Christoph Singer in Fridberg*
Gehäuse: gestempelt *3876* und ein Goldstempel
um 1825
Friedberg, Heimatmuseum (Inv. Nr. 560)

Material:
Gehäuse: Gold.
Zifferblatt: Email.
Werk: Messing (teilweise feuervergoldet), Eisen (teilweise gebläut), Rubin.

Maße:
Ø: 51 mm

Anzeige:
optisch: Anzeige von Stunden (1 bis 12) und Minuten (1 bis 60).
akustisch: Stunden und Achtelstunden.

Gehwerk:
Gehwerk mit Kette, Schnecke und Spindelhemmung.
Aufzug mit Schlüssel von der Werkrückseite.
Regulierung mit Regulierzeiger auf der Rückplatine.

Schlagwerk:
Repetitionsschlagwerk für die Stunden und Achtelstunden, zwei Hämmer schlagen auf zwei Tonfedern.

121 Taschenuhr (Fragment) mit Zifferblatt

Rückplatine: sign. *Joh. Christ. Singer in Friedberg*
um 1800
Friedberg, Heimatmuseum (Inv. Nr. 561)

Material:
Zifferblatt: Email.
Werk: Messing (teilweise feuervergoldet) und Eisen (teilweise gebläut).

Maße:
Ø:43 mm

Anzeige:
optisch: Anzeige von Stunden (I bis XII) und Minuten.
akustisch: Stunden und Achtelstunden.

Gehwerk:
Gehwerk mit Kette, Schnecke und Spindelhemmung.
Aufzug mit Schlüssel von der Werkrückseite.
Regulierung mit Regulierzeiger auf der Rückplatine.

Schlagwerk:
Repetitionsschlagwerk für die Stunden und Achtelstunden, zwei Hämmer schlagen auf eine Glocke (fehlt).

122 Taschenuhrwerk (Fragment) mit Ziffer-blatt

Rückplatine: sign. *Christ. Singer in Friedberg*
um 1800
Friedberg, Heimatmuseum (Inv. Nr. 562)

Material:
Zifferblatt: Email.
Werk: Messing (teilweise feuervergoldet) und Eisen (teilweise
gebläut).

Maße:
Ø: 43 mm

Anzeige:
optisch: Anzeigen von Stunden (I bis XII) und Minuten.
akustisch: Stunden und Achtelstunden.

Gehwerk:
Gehwerk mit Kette, Schnecke und Spindelhemmung.
Aufzug mit Schlüssel von der Werkrückseite.
Regulierung mit Regulierzeiger auf der Rückplatine.

Schlagwerk:
Repetitionsschlagwerk für die Stunden und Achtelstunden, zwei
Hämmer schlagen auf eine Glocke (fehlt).

SPIEGEL, JOSEPH (∞ 1736 – 1760)
123 Kutschenuhr mit Übergehäuse und Schutzgehäuse

Rückplatine: sign. *Jos Legeips London 403*
um 1750
Friedberg, Heimatmuseum (Inv. Nr. 1986/72)

Material:
Schutzgehäuse: Messing, Eisen, Stoff, Leder.
Gehäuse: Silber.
Zifferblatt: Silber (Champlevé).
Werk: Messing (teilweise feuervergoldet) und Eisen (teilweise
gebläut).
Glocke: Silber.

Kat. Nr. 123

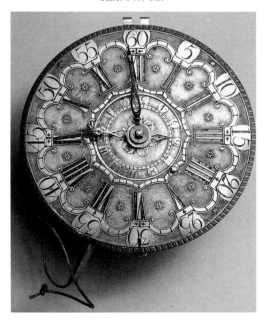

Silbergehäuse getrieben, graviert und durchbrochen. Darstellung des Raubs der Helena durch den trojanischen Königsohn Paris. Das Schiff im Hintergrund weist darauf hin, daß Helena vom Peleponnes über das ägäische Meer nach Troja gebracht werden sollte. Die Szene ist eingerahmt von gegenläufigen C-Bögen.

Der runde Kloben weist am Fuß einen grinsenden Fratzenkopf auf, darüber Palmette und Früchtekorb und seitlich symmetrisch Ranken und aus einem Korb pickende Vögel. Die Motive könnten zurückweisen auf Ornamentstiche von Johann Jakob Baumgartner, das *Gantz Neu Inventiertes Laub und Bandelwerck*, Augsburg 1727, oder: Josef Friedrich Leopold in Augsburg, in seinen Kupferstichen: *Unterschiedliche Arten neu inventierter Früchte und Lauber*. Augsburg, Städt. Kunstsammlungen, Graph. Sammlung (Inv. Nrn. G.3231 und G.3356)

Maße:
Ø: 128 mm

Anzeige:
optisch: Stunden (I bis XII) und Minuten.
akustisch: Stunden und Achtelstunden. Wecker.

Gehwerk:
Gehwerk mit Kette, Schnecke und Spindelhemmung.
Regulierung mit Regulierscheibe auf der Rückplatine.
Aufzug mit Schlüssel von der Werkrückseite.

Schlagwerk:
Repetitionsschlagwerk für die Stunden und Achtelstunden, schlägt mit zwei Hämmern auf eine Glocke im Gehäuseboden; das Schlagwerk wird durch Ziehen an der Schnur ausgelöst.

Aufzug mit Schlüssel von der Werkrückseite, Einstellung der Weckzeit mit Stellscheibe im Zentrum des Zifferblattes; die Stellscheibe wird mit einem Schlüssel zwischen III und IV verstellt.

Kat. Nr. 124

125

124 Kutschenuhr mit Übergehäuse

Rückplatine: sign. *Jo Legeips London*
um 1750
London, The British Museum (Inv. Nr. MLA 1888, 12-1,256)

Material:
Übergehäuse: mit Leder bezogen.
Gehäuse: Silber.
Zifferblatt: Silber (Champlevé).
Werk: Messing (teilweise feuervergoldet) und Eisen (teilweise gebläut).

Maße:
Ø: 118, 2 mm

Anzeige:
optisch: Stunden (I bis XII) und Minuten.
akustisch: Stunden und Achtelstunden. Wecker.

Gehwerk:
Gehwerk mit Kette, Schnecke und Spindelhemmung.
Regulierung mit Regulierscheibe auf der Rückplatine.
Aufzug mit Schlüssel von der Werkrückseite.

Schlagwerk:
Repetitionsschlagwerk für die Stunden und Achtelstundenn, mit zwei Hämmern auf Glocke.

Übergehäuse in Silber getrieben, durchbrochen und graviert. Darstellung der Anbetung der Hirten, umgeben von Rocaillen und durchbrochen gearbeitetem Blattwerk.

125 Kutschenuhr mit Übergehäuse

Rückplatine: sign. *Jos. Legeips 360 London*
um 1750
Leipzig, Privatsammlung

Material:
Übergehäuse: Silber.
Gehäuse: Silber.
Zifferblatt: Silber (Champlevé).
Werk: Messing (teilweise feuervergoldet) und Eisen (teilweise gebläut).

Maße:
Ø: 100 mm, Dicke: 60 mm

Anzeige:
optisch: Stunden (I bis XII) und Minuten.
akustisch: Stunden und Viertelstunden. Wecker.

Gehwerk:
Gehwerk mit Kette, Schnecke und Spindelhemmung.
Regulierung mit Regulierscheibe auf der Rückplatine.
Aufzug mit Schlüssel von der Werkrückseite.

Schlagwerk:
Repetitionsschlagwerk für die Viertelstunden.

Silbernes Übergehäuse durchbrochen, getrieben und graviert: sitzende Nymphe mit Schleier stützt Brunnenschale, aus der eine Fontäne aufsteigt, mit ihrer rechten Hand. Das Wasser fängt ein Putto neben ihr z. T. auf. Die Szene ist umgeben von Rocaillen und Architekturversatzstücken, ebenfalls in geschwungenen, C-bogenartigen Formen. Der Kloben mit grinsendem Männerkopf ist symmetrisch mit geschwungenem Rankenwerk gestaltet.

126 Kutschenuhr mit Schutzgehäuse

Rückplatine: sign. *J. Miroir Paris*
um 1740
Prag, Nationalmuseum (Inv. Nr. 32.828 a,b)

Material:
Schutzgehäuse: Mit Chagrinleder bezogen.
Gehäuse: Silber.
Zifferblatt: Email, Weckerscheibe: Silber.
Werk: Messing (teilweise feuervergoldet) und Eisen (teilweise gebläut).

Maße:
Gehäuse-Ø: 105 mm, Dicke: 59 mm, Übergehäuse-Ø: 120 mm

Anzeige:
optisch: Stunden (I bis XII) und Minuten.
akustisch: Stunden und Viertelstunden. Wecker.

Gehwerk:
Gehwerk mit Kette, Schnecke und Spindelhemmung.
Regulierung mit Regulierscheibe auf der Rückplatine.

Schlagwerk:
Repetitionsschlagwerk für die Stunden und Viertelstunden.

Emailzifferblatt mit silberner, gravierter Weckerscheibe und sehr sorgfältig ausgesägten Zeigern. Die Rückplatine ist reich geschmückt mit aufgelegten Ranken und einem großen, runden Kloben mit grinsender Fratze, Mittelrosette und symmetrisch angeordneten Ranken und Köpfen von Fabeltieren. Das mit Leder überzogene Übergehäuse ist mit Silberdraht und -nägeln geschmückt.

Kat. Nr. 126
Weckerscheibe

127 Kutschenuhr mit Schutzgehäuse

Rückplatine: sign. *Joseph Miroir Paris*
um 1740
Genf, Musée de l'horlogerie et de l'émaillerie (Inv. Nr. 1122)

Material:
Schutzgehäuse: Kupfer mit Chagrinleder bezogen.
Gehäuse: Silber.
Zifferblatt: Email, Zifferblatt des Weckers: Silber.
Werk: Messing (teilweise feuervergoldet) und Eisen (teilweise gebläut).

Maße:
Ø: 123 mm

Anzeige:
optisch: Stunden (I bis XII) und Minuten. Anzeige der Weckzeit mit dem Ende des Stundenzeigers.
akustisch: Stunden und Viertelstunden. Wecker.

Gehwerk:
Gehwerk mit Kette, Schnecke und Spindelhemmung.
Regulierung mit Regulierscheibe auf der Rückplatine.
Aufzug mit Schlüssel von der Werkrückseite.

Schlagwerk:
Repetitionsschlagwerk für die Stunden und Viertelstunden.

Kupfernes Schutzgehäuse mit schwarzem Chagrinleder, mit silbernen Ziernägeln besetzt.
Silbergehäuse mit eingesägten Schallritzen und gravierter Mittelrosette.
Hohes Werk mit halbrunden Pfeilern, die belegt sind mit gesägten und gravierten Silberplättchen; Emailzifferblatt und silberne Weckerscheibe.
Federhäuser und oberer Platinenrand fein graviert. Kloben mit grinsendem Männerkopf, Mittelrosette und symmetrisch gearbeitetem verschlungenem Rankenwerk mit Fabeltierköpfen. Erworben: 1927
Lit.: Katalog Chefs d'oeuvres du Musée de l'horlogerie de Genève, Japon 1978, Tokyo, Nagoya, Hiroshima.

Kat. Nr. 128 *Werk*

128 Kutschenuhr mit Übergehäuse

Rückplatine: sign. *Joseph Miroir Paris*
um 1740
Budapest, Kunstgewerbemuseum (Inv. Nr. 53.948)

Material:
Gehäuse: Silber.
Zifferblatt: Email.
Werk: Messing (teilweise feuervergoldet) und Eisen (teilweise gebläut).

Maße:
Höhe: 175 mm, Ø: 122 mm, Dicke: 58 mm

Anzeige:
optisch: Stunden (I bis XII) und Minuten und Datum (1 bis 31).
akustisch: Stunden und Viertelstunden. Wecker.

Gehwerk:
Gehwerk mit Kette, Schnecke und Spindelhemmung.
Regulierung mit Regulierzeiger auf der Rückplatine.

Schlagwerk:
Repetitionsschlagwerk für Stunden und Viertelstunden.

Gehäuse gegossen mit durchbrochenen 4 Feldern, oben und unten sitzende Krieger mit Helmbusch, oben mit Schild. Seitlich weibliche Halbfiguren, sich nach rechts wendend.
Schutzgehäuse: Kupfer mit schwarzem Leder überzogen, Ziernägel, beschädigt.
Emailzifferblatt mit arab. Minuten und röm. Stunden, bei IIII Aufzugloch. Zwei Eisenzeiger. Weckerscheibe Silber. Hohes Werk mit silbernen Ornamenten vor geraden Pfeilern, Trommelhäuser graviert, Zickzackmuster, auch am Lunettenring. Kloben mit Fratze, Mittelrosette und verschlungenen Ranken mit Köpfen von Fabeltieren.
Erworben aus dem Nachlaß der Fam. Vigyazo, Budapest in den 30er Jahren; im Testament an die Ungarische Akademie der Wissenschaften. Nach Beschluß von 1950 wurden Erbschaften an die Museen übergeben.

Kat. Nr. 128

129 Sechseckige Tischuhr

sign. *Miroir London*
um 1750
Seifhennersdorf, Sammlung Landrock

Material:
Gehäuse: Bronze, feuervergoldet
Fenster mit versilberten Rahmen
Zifferblatt: Email
Werk: Messing, feuervergoldet – Glocke: Bronze

Maße:
Höhe: 75 mm, Breite: 114 x 110 mm

Anzeige:
optisch: Stunden (I bis XII) und Minuten

Runder Kloben mit Fratze, Mittelrosette und verschlungenem Blattwerk.

ANDREAS STRIXNER (1751 – 1830)
130 Taschenuhr

Rückplatine: sign. *Strixner Friedberg*
um 1800
Friedberg, Heimatmuseum (Inv. Nr. 1989/54)

Material:
Gehäuse: Gold.
Zifferblatt: Email.
Werk: Bronze feuervergoldet, Messing, Eisen (teilweise gebläut).

Maße:
Ø: 50 mm

Anzeige:
optisch: Anzeige von Stunden (I bis XII) und Minuten.
akustisch: Stunden.

Gehwerk:
Gehwerk mit Kette, Schnecke und Spindelhemmung. Aufzug mit Schlüssel von der Zifferblattseite zwischen III und IV. Regulierung mit Regulierzeiger auf der Rückplatine.

Schlagwerk:
Rechenschlagwerk für die Stunden, ein Hammer schlägt auf eine Glocke. Aufzug mit Schlüssel von der Zifferblattseite zwischen VII und VIII. Auslösung durch Druck auf den Pendant.

131 Taschenuhr mit Schlagwerk

Rückplatine: sign. *And. Strixner in Friedberg*
um 1800
Friedberg, Heimatmuseum, Privatbesitz (L 366)

Material:
Gehäuse: Gold.
Zifferblatt: Email.
Werk: Messing, feuervergoldet. Eisen.

Maße:
Ø: 48 mm, Höhe: 70 mm

Anzeige:
optisch: Anzeige von Stunden (1 bis 12) und Minuten sowie Datum 1 bis 31.
akustisch: Angabe von Stunden und Viertelstunden auf zwei Tonfedern im Gehäuse.

Gehwerk:
Gehwerk mit Kette, Schnecke und Spindelhemmung. Aufzug mit Schlüssel vom Zifferblatt her bei der 4. Regulierung mit Regulierzeiger auf der Rückplatine.

Schlagwerk:
Repetitionsschlagwerk.

Gehäuse am Rand graviert, Schallöcher.
Werk mit Staubring. Spindelbrücke mit verschlungenen Ranken.

132 Taschenuhr

Sprungdeckel: sign. *Andreas Strixner in Friedberg No. 773*
Gehäuse: gestempelt *6472, F3, CGT* und drei Goldstempel
um 1800
Friedberg, Heimatmuseum (Inv. Nr. 563)

Material:
Gehäuse: Gold.
Zifferblatt: Email.
Werk: Bronze feuervergoldet, Messing, Eisen (teilweise gebläut).

Maße:
Ø: 55 mm

Anzeige:
optisch: Anzeige von Stunden (I bis XII), Minuten (1 bis 60).
akustisch: Stunden und Viertelstunden.

Gehwerk:
Gehwerk mit Kette, Schnecke und Zylinderhemmung. Aufzug mit Schlüssel von der Zifferblattseite zwischen III und IV. Regulierung mit Regulierzeiger auf der Rückplatine.

Schlagwerk:
Repetitionsschlagwerk für die Stunden und Viertelstunden, zwei Hämmer schlagen auf zwei Tonfedern.

133 Taschenuhr mit emaillierter Gehäuserückseite

Rückplatine: sign. *Andreas Strixner in Friedberg No. 633*
Gehäuse: gestempelt *21*, andere Stempel nicht lesbar, weil auspoliert.
um 1800
Friedberg, Heimatmuseum (Inv. Nr. 1984/184)

Material:
Gehäuse: Gold, Glasrand mit Straßsteinen besetzt (Diamantenimitation, rückseitig polychrome Emailmalerei mit Galanterieszene.
Zifferblatt: Email.
Werk: Bronze feuervergoldet, Messing, Eisen (teilweise gebläut).

Maße:
Ø: 47 mm

Anzeige:
optisch: Anzeige von Stunden (1 bis 12), Minuten (1 bis 60).

Gehwerk:
Gehwerk mit Kette, Schnecke und Spindelhemmung.
Aufzug mit Schlüssel von der Zifferblattseite bei der II.

Gehäuserückseite mit Emailmalerei: pyramidenförmiger Springbrunnen mit musizierendem Paar. Eine sitzende Dame spielt Laute, der Kavalier stehend Querflöte.

134 Taschenuhr mit Übergehäuse

Rückplatine: sign. *Andreas Strixner in Friedberg No. 667*
Gehäuse, gestempelt *T 13*
um 1800
Leipzig, Privatsammlung

Material:
Übergehäuse: Messing, mit Schildpatt überzogen.
Gehäuse: Silber.
Zifferblatt: Email.
Werk: Messing (teilweise feuervergoldet) und Eisen (teilweise gebläut).

Maße:
Ø: 52 mm, Dicke: 22 mm

Anzeige:
optisch: Anzeige von Stunden (I bis XII) und Minuten.

Gehwerk:
Gehwerk mit Kette, Schnecke und Spindelhemmung.

Das Übergehäuse ist mit Schildpatt belegt und mit silbernen Nieten befestigt. Der Glasring ist graviert. Silbergehäuse glatt, am Glasrand Perlfries.

135 Taschenuhr

Rückplatine: sign. *les frères Strixner Friedberg*
Gehäuse: gestempelt *S&I, 20, 1* und *S*
um 1800
Friedberg, Heimatmuseum (Inv. Nr. 1989/298)

Material:
Gehäuse: Silber.
Zifferblatt: Email.
Werk: Messing, Eisen (teilweise gebläut).

Maße:
Ø: 59 mm

Anzeige:
optisch: Anzeige von Stunden (I bis XII) und Minuten (1 bis 60).

Gehwerk:
Gehwerk mit Kette, Schnecke und Spindelhemmung.

Aufzug mit Schlüssel von der Zifferblattseite zwischen I und II. Regulierung mit Regulierzeiger auf der Rückplatine.

136 Taschenuhr (Fragment)

Rückplatine: sign. *les frères Strixner*
um 1800
Friedberg, Heimatmuseum, Privatbesitz

Material:
Werk: Bronze feuervergoldet, Messing, Eisen (teilweise gebläut).

Maße:
Ø: 40 mm

Anzeige:
optisch: Anzeigen von Stunden und Minuten.

Gehwerk:
Gehwerk mit Kette, Schnecke und Spindelhemmung. Aufzug mit Schlüssel von der Zifferblattseite bei der II. Regulierung mit Regulierzeiger auf der Rückplatine.

137 Taschenuhr (Fragment)

Rückplatine: sign. *Andr. Strixner in Friedberg No. 756*
um 1800
Friedberg, Heimatmuseum (Inv. Nr. L73)

Material:
Werk: Bronze feuervergoldet, Messing, Eisen (teilweise gebläut).

Maße:
Ø: 37 mm

Anzeige:
optisch: Anzeige von Stunden und Minuten.

Gehwerk:
Gehwerk mit Kette, Schnecke und Spindelhemmung. Aufzug mit Schlüssel von der Zifferblattseite bei der II. Regulierung mit Regulierzeiger auf der Rückplatine.

138 Taschenuhrwerk (mit Zifferblatt) in Stockknauf

Rückplatine: sign. *Strixner London*
Zifferblatt sign. *London*
um 1800
Stockknauf Mitte 19. Jh.
Stuttgart, Württembergisches Landesmuseum (Inv. Nr. 833)

Material:
Gehäuse: Silber.
Zifferblatt: Silber (Champlevé).
Werk: Messing (teilweise feuervergoldet) und Eisen (teilweise gebläut).

Maße:
Ø: 31 mm, Höhe (mit Knauf): 80 mm

Anzeige:
optisch: Stunden (I bis XII) und Minuten.

Gehwerk:
Gehwerk mit Kette, Schnecke und Spindelhemmung.

Konisch sich nach unten verjüngender Stockknauf mit zwei senkrechten Befestigungsbügeln und oben eingelassener Uhr. Wandung von Knauf und Uhrdeckel mit reliefierter Ornamentik von Bandelwerk und Ranken. Darin eingestreut sitzende Athena und sitzender Mars, zwei wappenähnliche Ovalfelder und eine füllhornhaltende Hand sowie ein Feld mit den Buchstaben *PA MN*. Champlevé-Zifferblatt mit römischen Stunden und arabischen Minutenziffern sowie Schriftband mit *London*.

139 Standuhr

Zifferblatt: sign. *Andreas Strixner in Friedberg*
um 1800
Friedberg, Heimatmuseum (Inv. Nr. 496)

Material:
Gehäuse: Holz.
Werk: Messing und Eisen.

Maße:
Ø: 2120 mm

Anzeige:
optisch: Stunden (I bis XII).
akustisch: Stunden und Halbstunden.

Gehwerk:
Gehwerk mit Gewicht, Ankerhemmung und Sekundenpendel.

Schlagwerk:
Rechenschlagwerk für die halben und vollen Stunden auf zwei
Glocken – selbstschlagend. Gewichtsantrieb.

Kat. Nr. 139

Sichtfenster für das Pendel, Felderteilungen und geschnitz-
te Eierstabfriese und Girlande als Schmuckelemente. Wohl
heimische Schreinerarbeit.
Teile des Räderwerks, Gewichte, Pendel und Zeiger fehlen.
Holzgehäuse mit Sockel, Pendelkasten und Aufsatz für das
Uhrwerk.

Kat. Nr. 140

TREFFLER, CASPAR (– 1743)
140 Kutschenuhr

Rückplatine: sign. *Caspar Treffler in Fridtberg*
Ende 17. Jahrhundert
Frankfurt am Main, Museum für Kunsthandwerk (Inv. Nr.
St. 91)
verschollen

Material:
Gehäuse: Bronze, versilbert.
Zifferblatt: Silber (Champlevé).
Werk: Messing (teilweise feuervergoldet) und Eisen.

Anzeige:
optisch: Stunden (I bis XII) und Minuten sowie Mondalter.
akustisch: Stunden und Viertelstunden, Wecker.

TREIBLER, JOHANN (– 1682)
141 Taschenuhr

Rückplatine: sign. *Johannes Treibler*
um 1650
Stuttgart, Württembergisches Landesmuseum (Inv. Nr. 1927 – 179)

Material:
Gehäuse: Silber.
Zifferblatt: Silber (Champlevé).
Werk: Messing (teilweise feuervergoldet) und Eisen.

Maße:
Ø: 45 mm, Dicke: 25 mm.

Anzeige:
optisch: Stunden. Der Stundenzeiger dreht sich entlang des Zifferblattrands.

Gehwerk:
Gehwerk mit Kette, Schnecke und Spindelhemmung (Schweinsborsten-Regulierung).

Die Regulierung der Unrast erfolgt durch Verschieben des kleinen Balkens an dem die Schweinsborste befestigt ist im oberen Teil des Zifferblattes. Die eiserne Unrast befindet sich unter dem Zifferblatt. Auf ihr sind zwei Stifte befestigt, in welchen die feine Borste bewegt wird.
Auf der Rückplatine ist in der Mitte die Signatur kalligraphisch eingraviert, umgeben von einem Schmuckreif von ausgesägten und gravierten Blattranken.
Das Zifferblatt hat außen einen gravierten Zierring aus Messing, dann einen silbernen Ziffernring mit römischen Zahlen, in der Mitte einen gravierten Zierstreifen und Angabe zum Regulieren der Uhr. Der kleine eiserne und profilierte Stundenzeiger wandert außerhalb des Zifferblattes im Kreis. Glattes silbernes Gehäuse. Außerordentlich seltenes Werk. (Dr. Ch. Väterlein).

Kat. Nr. 141

142 Tischuhr in Gestalt eines Tischbrunnens

sign. *Johannes Treibler In Fridberg*
Mitte 17. Jahrhundert
Wien, Kunsthistorisches Museum (Inv. Nr. 843)

Material:
Werk: Messing (teilweise feuervergoldet) und Eisen.
Tempietto: Augsburg, Mitte 17. Jh. Ebenholz, Elfenbein, Glas,
Kupfer, Silber (teilweise vergoldet)
Georg Wilhelm Fesenmayr (Meister 1739, gest. 1672), Augsburg
(Marke Seling 1496), Augsburger Beschauzeichen von 1650)

Maße:
Höhe: 642 mm, Ø: 310 mm

Anzeige:
optisch: Stunden (I bis XII).

Gehwerk:
Gehwerk mit Kette, Schnecke und Spindelhemmung.

Tempiettoartiges Gehäuse über kreisförmigem Grundriß
mit sechs silbernen Säulen auf geschweiften Podesten und
mit verkröpftem Gesims. Darüber sechs balusterförmige
Silberdocken und ein kuppeliger Aufbau, in dem horizon-
tal die Uhr liegt. Drei geschweifte silberne Spangen tragen
den gekrönten einköpfigen Adler auf der Erdkugel, der im
rechten Fang das Szepter hält er und auf der Brust die
Vlieskette und den österreichischen Bindenschild mit F. III
(Ferdinand III.) trägt. Alle Ebenholzteile sind mit dekora-
tiven Silberappliken oder Festons verziert.
Auf dem Ebenholzkästchen der Basis die Marke *EBEN*
und der Augsburger Stadtpyr. Aus der Mitte der Fußbode-
nimitation aus Ebenholz, Elfenbein, Aachat und Lapisla-
zuli steigt ein Glasrohr auf, durch das ursprünglich von
einem in der Basis verborgenen Kupfergefäß Wasser in
einen Hohlraum unter der Uhr aufgestiegen sein soll. Der
dazugehörige Mechanismus fehlt.
Die Bezeichnung *Heronsbrunnen* geht auf den griechischen Mathematiker und Naturforscher Heron von Alex-
andrien zurück, der um 150 – 100 v. Chr. eine Vorrichtung

Kat. Nr. 142

zum Emportreiben einer Wassersäule durch Verdichtung der Luft erfand.
Unpubliziert.

WIDMANN, MICHAEL (1771 – 1848)
143 **Taschenuhr**

Rückplatine: sign. *Michael Widman in Friedberg*
Gehäuse: gestempelt *IFI*
um 1825
Friedberg, Heimatmuseum (Inv. Nr. 564)

Material:
Gehäuse: Neusilber.

Kat. Nr. 142

Zifferblatt: Email.
Werk: Messing (teilweise feuervergoldet), Eisen (teilweise gebläut) und Rubin.

Maße:
Ø: 59 mm

Anzeige:
optisch: Anzeige von Stunden (I bis XII) und Minuten.

Gehwerk:
Gehwerk mit Kette, Schnecke und Spindelhemmung.
Aufzug mit Schlüssel von der Werkrückseite.
Regulierung mit Regulierzeiger auf der Rückplatine.

WÖHRLE, JOSEPH (– 1761)
144 **Kutschenuhr**

Rückplatine: sign. *Joseph Wöhrle*
Gehäuse: sign. *J. Bartlman*
Mitte 18. Jahrhundert
Augsburg, Städt. Kunstsammlungen (Inv. Nr. 8342)

Material:
Übergehäuse: Silber.
Gehäuse: Silber vergoldet.
Zifferblatt: Messing, geätzt und vergoldet.
Werk: Messing (teilweise feuervergoldet) und Eisen (teilweise
gebläut).

Maße:
Ø: 100 mm

Anzeige:
optisch: Stunden (I bis XII) und Minuten sowie Datum (1 bis 31).
akustisch: Stunden und Viertelstunden, Wecker.

Gehwerk:
Gehwerk mit Kette, Schnecke und Spindelhemmung.
Regulierung mit Regulierzeiger auf der Rückplatine.
Aufzug mit Schlüssel von der Werkrückseite.

Schlagwerk:
Repetitionsschlagwerk für die Stunden und Viertelstunden.

Getriebenes Übergehäuse. Champlevé-Zifferblatt.
Darstellung: Herkules am Scheideweg, bez. J. Bartlman. Es
handelt sich um Johann Bartermann d. J., der als Treibar-
beiter, sein Meisterstück im Jahre 1741 in Augsburg fertigte. Er starb im Jahre 1782 in Augsburg. Die Basis des
Klobens wird von einem grinsenden, barhäuptigen Männerkopf eingenommen. Darüber Muschel und symmetrisch feines Rankenwerk mit Köpfen von Fabeltieren,
Rosetten und Blättern.

145 Zifferblatt

sign. *Sebastian Friedl in Friedberg*
Material:
Email auf Kupfer
um 1830
Friedberg, Heimatmuseum (Inv. Nr. 1985/253)

146 Zifferblatt

sign. *Andreas Strixner in Friedberg*
Material:
Email auf Kupfer
um 1800
Friedberg, Heimatmuseum (Inv. Nr. 610)

147 Gehäuseeinsatz

Material:
Horn, bemalt mit schaukelndem Paar
Ende 18. Jh.
Friedberg, Heimatmuseum (Inv. Nr. 601a)

148 Gehäuseeinsatz

sign. *O. COCHIN. F.*
Material:
Messing, getrieben.
Ende 18. Jh.
Friedberg, Heimatmuseum (Inv. Nr. 554)

149 Gehäuseeinsatz

Material:
Messing, guillochiert.
19. Jh.
Friedberg, Heimatmuseum (Inv. Nr. 607a)

150 – 164 Spindelbrücken

Friedberger Arbeiten
Material:

Kat. Nr. 147

Messing, feuervergoldet
ausgesägt, gefeilt, graviert
19. Jahrhundert
Friedberg, Heimatmuseum (Inv. Nr. 617)

165 – 167 Schlüssel für Stutzuhren

Material:
Messing
Anfang 19. Jahrhundert
Friedberg, Heimatmuseum (Inv. Nrn. 613 a – c)

168 – 174 Kurbel- und Steckschlüssel

Material:
Messing

Kat. Nr. 168 – 174

18. und 19. Jahrhundert
Friedberg, Heimatmuseum (Inv. Nrn. 614 ff)

175 Sternschlüssel
Material:
Eisen und Messing
19. Jahrhundert
Friedberg, Heimatmuseum (Inv. Nr. 616)

176 – 178 Laubsägebogen
z.B. zum Aussägen von Kloben
Material:
Holz, Eisen
18. Jahrhundert
Friedberg, Heimatmuseum (Inv. Nrn. 638 a, b, c)

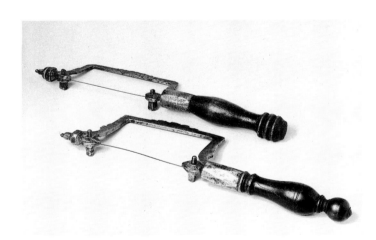

179 Schneidzeug für Spindelschnecken
zur Herstellung der Schnecken bei Spindeluhren
a) sign. *Matthias Braunhoffer*
Material:
Messing, Eisen
18. Jh.
Friedberg, Heimatmuseum (Inv. Nr. 645 a, b)

180 Wälzmaschine
zum Nachformen der Zähne
Material:
Messing, Eisen, Holz
Mitte 19. Jh.
Friedberg, Heimatmuseum (Inv. Nr. 1988/54)

Kat. Nr. 180

181, 182 Werkbefestigungsbänke für Taschenuhren
Material:
Messing
18./19. Jh.
Friedberg, Heimatmuseum (Inv. Nr. 629, 630)

Kat. Nr. 181, 182

183 **Zahnradschneidmaschine**

Zur Herstellung der Radzahnung. Auf der Messingscheibe sind in konzentrischen Kreisen genau berechnete Teilungen angekörnt. Das zu bearbeitende Rad wird auf den Dorn der Scheibe montiert. Der seitlich verschiebbare Arm, In-

dex genannt, wird bei der gewünschten Körnung festgestellt. Dann kann mit dem senkrecht zur Scheibe stehenden Fräser die Zahnform herausgeschnitten werden.
Friedberg, Heimatmuseum (Inv. Nr. 643)

184 **Zapfenrollierstuhl**

Zum Polieren von Zapfen der Wellen, auf denen die Räder sitzen. Antrieb mit dem Fiedelbogen.
Material:
Messing, Eisen
19. Jh.
Friedberg, Heimatmuseum (Inv. Nr. 644)

185 – 187 **Drehbänke**

Zum Einspannen in einen Schraubstock. Antrieb mit dem Fiedelbogen.
Material:
Eisen
19. Jh.
Friedberg, Heimatmuseum (Inv. Nr. 633, 636, 637)

Kat. Nr. 183

Kat. Nr. 185 – 187

188 Eingriffszirkel

Zum Anreißen des Lochabstandes der Räder auf den Platinen.
Material:
Messing
19. Jh.
Friedberg, Heimatmuseum (Inv. Nr. 646)

Kat. Nr. 188

189 Klammerdrehbank

Zum Ausdrehen von Platinen und Kloben.
Material:
Messing
19. Jh.
Privatbesitz

190 Planteur

Zum genauen Justieren von Radlagern, damit die Räder senkrecht zwischen den Platinen stehen.
Material:
Messing
1. Hälfte 19. Jh.
Friedberg, Heimatmuseum (Inv. Nr. 662)

Kat. Nr. 190

191 Planteur mit Zubehör

Zum genauen Justieren von Radlagern
Material:
Messing
1. Hälfte 19. Jh.
Friedberg, Heimatmuseum (Inv. Nr. 663)

192 Gewindeeisen
Zum Schneiden von Gewinden
Material:
Eisen
19. Jh.
Friedberg, Heimatmuseum (Inv. Nr. 640)

193 Feilen
Material:
Eisen, Holz
19. Jh.
Friedberg, Heimatmuseum (Inv. Nr. 656 ff)

194 Steinfaßmaschine in Kästchen
sign. J. G. Dausch
Material:
Kästchen: Holz, Stoff
Werkzeug: Messing
19. Jahrhundert
Friedberg, Heimatmuseum (Inv. Nr. 632)

195 Schablone für Taschenuhren
Material:
Messing
19. Jahrhundert
Friedberg, Heimatmuseum (Inv. Nr. 621)

Kat. Nr. 105: Kloben der Kutschenuhr
von Johann Wolfgang Pollinger, um 1720

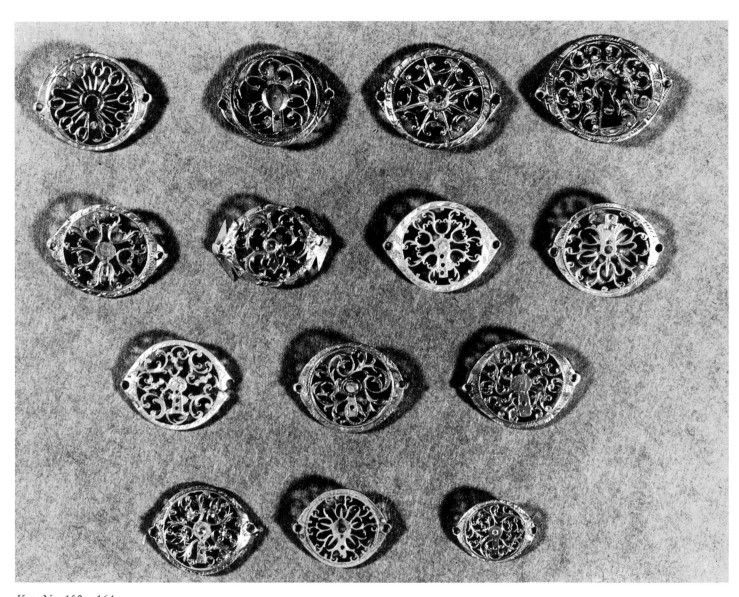

Kat. Nr. 150 – 164

Himmelsglobus
Georg Rall
Wien, Kunsthist. Museum
S. 175

Kat. Nr. 84

Kat. Nr. 86

147

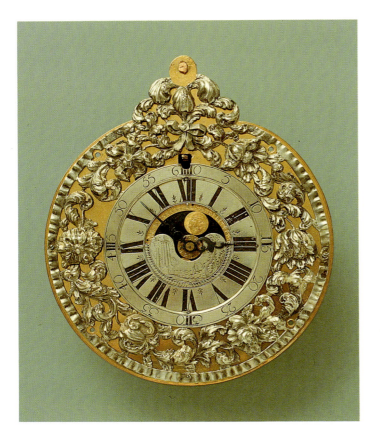

Kat. Nr. 26

Bahrtuchschild der Friedberger Uhrmacher
S. 23

Kat. Nr. 53

Kat. Nr. 44

Johann Kornmann
Basel, Historisches Museum
Inv. Nr. G 194
S. 170

Kat. Nr. 63

Kat. Nr. 106

Kat. Nr. 106

Kat. Nr. 66

Kat. Nr. 30

Kat. Nr. 133

Kat. Nr. 109

BIOGRAPHIEN

Kat. Nr. 129: Kloben der Kutschenuhr von Miroir London = Joseph Spiegel, um 1750

Sebastian Baumann

Baumann, Sebastian, wurde 1729 in Hadersried, Bezirk Dachau, geboren[1], ließ sich auf seiner Wanderschaft als Geselle in Graz einschreiben[2] und suchte im Jahre 1758 beim Landgericht Friedberg um Aufnahme als Bürger nach. Er heiratete die Uhrmacherstochter Barbara Mahl[3]. Sebastian Baumann war Kleinuhrmacher und hatte sich auf die Herstellung von Taschen- und Kutschenuhren spezialisiert. Er verstarb am 4.12.1805 in Friedberg[4].

Im Heimatmuseum Friedberg befindet sich je ein Portrait Sebastian Baumanns und seiner Frau aus dem Jahre 1768. Die Bilder, von Sigismund Reis gemalt, zeigen ihn mit einer Werkbefestigungsbank für Taschenuhren und seine

Frau mit einer Klobensäge, ein Hinweis darauf, daß Barbara Baumann zu jenen geschickten Uhrmacherfrauen zählte, die Zeiger, Stellungen und Kloben aussägten und feilten.

Werke:
Kutschenuhr, um 1760, Friedberg, Heimatmuseum, Inv. Nr. 1987/5 (Sotheby's, London, 25.6.1968, Lot 72. Sotheby's, New York, 11.12.1986, Watches from the Atwood Collection, Time Museum, Rockford, Illinois, USA).
Kutschenuhr, Königsschloß Wawel, Krakau, Inv. Nr. 41885[5].
Kutschenuhr, München, Privatbesitz (Auktion Antiquorum, Genf, 12.4.1987, Nr. 161. Auktion Dr. Crott und K. Schmelzer, Frankfurt a. Main, 5.12.1987, Nr. 97).
Kutschenuhr, Privatbesitz unbekannt (Auktion P. M. Kegelmann, Frankfurt a. M., 31.3.1990, Nr. 185. Auktion Habsburg-Feldmann, The Cauwenbergh Collection Hong-Kong, Hotel Furania, 30.5.1989 Nr. 552. Auktion Dr. Crott und Schmelzer, Aachen, 26.4.1986, Nr. 29).
Kutschenuhr, sign. *Sebastian Baumann à Paris.* Gehäuse sign. *F. C. Langpaur,* Dresden, Privatbesitz unbekannt (Auktion Habsburg-Feldmann, Basel, 21.4.1990, Nr. 372, mit Zertifikat und Besitznachweis bis Ludwig XVI., vgl. Gehäuse mit dem der Kutschenuhr von Heinrich Eckert in Kassel).
Taschenuhr, Friedberg, Heimatmuseum, Inv. Nr. 538.
Taschenuhrwerk, München, BNM, Inv. Nr. 13/1382.

Baur, Johann Michael, wurde am 13.10.1765 als Sohn des Uhrmachers Michael Baur geboren. Der Taufpate war Franz Karl Helwig. Er heiratete am 24.11.1794 als Sohn des *honesti et artificiosi civis Johannis Michaelis Baur horologiarius et Victoria Ottinger coniugis* und verstarb im Jahre 1826 oder 1846[6].

Werke:
Kutschenuhr, Privatbesitz unbekannt (Auktion Sotheby's, London, 1./2.10.92).
Taschenuhren, Friedberg, Heimatmuseum, Inv. Nrn. 1987/1413 und 1989/299.

Taschenuhrwerk, (Fragment) sign. *J. Michael Baur Fridberg*, Budapest, Nationalmuseum, Inv. Nr. 1876/140.

Bau(e)r, Joseph, Sohn des Uhrmachers Johann Michael Baur, wurde am 12.8.1795 in Friedberg geboren. Er heiratete Maria Anna Ruepp, Tochter des Kleinuhrmachers Benedikt Ruepp[7] und erhielt die Erwerbsbewilligung durch den Magistrat am 12.1.1819[8]. Er verstarb am 31.12.1870[7].

Baur, Franziscus Borgias, geboren 1766, geheiratet 1795, gestorben 1831. Franz Borgias Baur bittet am 29.3.1785 als Friedberger Kleinuhrmacherssohn für sich und sein angehendes Eheweib, Maria Anna Latner, bürgerliche Kleinuhrmacherstochter, um das Bürgerrecht[9].

Werke:
Taschenuhr, Friedberg, Heimatmuseum, Inv. Nr. 539.

Bair, (Baier, Bayr) Georg, am 23. 3. 1638 in Friedberg geboren, heiratete am 10.6.1664 Magdalena Steinhart, Tochter des Uhrmachers Johannes Steinhart und starb am 13.3.1699 in Friedberg[10]. Georg Bair bekleidete im Jahr 1677 das Amt des Bürgermeisters. Bei der Geburt seiner Kinder wird er bezeichnet als *honestus Dominus, spectabilis Dominus, consultissimus Dominus*, als Pate im Jahr 1691 als *eximius ac virtuosus Dominus Georgius Bair*[10].

Werke:
Kutschenuhr, München Privatbesitz (Auktion Neumeister in München, 1981).
Taschenuhr in Sammlung Werner Weber, siehe Katalog: Die Uhr, Zeitmesser und Schmuck in 5 Jahrhunderten im Schmuckmuseum Pforzheim 1967.
Taschenuhr, London, The British Museum, MLA.1874,7-18,63.
Halsuhr in Form einer Blütenknospe, London, The British Museum, MLA. 1874,7-18,38.

Brosy, Michael, Vater von Johann Paul Brosy, starb 1733 als Kleinuhrmacher und Senator[11]. Als Zunftmeister er-

wähnt am Ende der *Handwercks Ordnungs Abschrift der Klein- und Großuhrmacher in Friedberg,* zusammen mit Johann Kornmann, Viertelmeister um 1720[12].

Werke:
Taschenuhrwerk, sign. *Michael Brosy,* Oberösterreichisches Landesmuseum, Linz, Inv. Nr. 60 260.

Brosy, Johann Paul, wurde im Jahre 1692 geboren und starb am 17.1.1756[13]. Die Beschriftung auf der Rückseite eines aus dem Jahre 1891 datierenden Fotos der unten genannten Kutschenuhr besagt, daß er am 1.6.1722 in Friedberg Rosina Hueber geheiratet hat und 1729 Bürgermeister war. Er kaufte am 17.6.1722 von seiner Nichte, Katharina Brosy, in der Pfaffengasse eine Behausung. Zeugen waren Balthasar Schaller, Mitglied des Inneren Rats, sein Vater, der Kleinuhrmacher Michael Brosy, Johann Heckel und Benedikt Fürstenfelder, beide des Äußeren Rats Kleinuhrmacher[14]. J. P. Brosy war in Herrgottsruh Kirchenprobst und bekleidete ein Amt im Äußeren Rat[15]. In Herrgottsruh befindet sich ein Portrait Johann Paul Brosys, gemalt von Sigismund Reis. Aufschrift auf der Rückseite des Bildes u.a.: *1729-39 Bürgermeister, Uhrmacher und Wohltäter von Herrgottsruh.*

Werke:
Kutschenuhr, Bonn, Kunsthandlung E. Commer.
Taschenuhr, Augsburg, Privatbesitz.

Burckhard, Ferdinand, lebte in Friedberg von 1712 bis 1773.
Im Heimatmuseum Friedberg befindet sich sein Grabstein mit der Aufschrift: *Allhier Ruhet der Ehrengeachte und Kunstreiche Herr Ferdinand Burckhard Bürgermeister und Kleinuhrmacher zu Fridberg so gestorben 4. Jenr 1773 seines Alters im 61. Jahr. Gott gebe ihm die Ewige Ruhe.*

Werke:
Kutschenuhr, sign. *Ferdinandt Burckhard Fridberg,* siehe Kunstpreisjahrbuch 1987, S. 473, Abbildung Tafel 27.
Kutschenuhr, sign. *Ferdinandt Burckhardt a Fridberg,* in

Auktionskatalog Patrizzi 2, Genf, 24.3.1975, Nr. 145.
Buchuhr, sign. *Ferdinand Burckhard Fridberg*, Friedberg
Privatbesitz.
Taschenuhr, sign. *Drakrup Paris*, in: Auktion Ineichen
Zürich, 5.6.1975, Nr. 237.

Burckhard (Burckardt, Burkard), Joseph, ist in Friedberg
von 1762 bis 1796 als Kleinuhrmacher erwähnt. Er war
Bürgermeister und Weinwirt[16].

Werke:
Kutschenuhr, sign. *Joseph Burckardt,* Budapest, Kunstgewerbemuseum, Inv. Nr. 64.306.

Kutschenuhr, Galérie Genevoise d'horlogerie ancienne,
Genf, Auktion II, 24.3.1975.

Deis, Johann Michael. Am 29.8.1700 als Sohn des Färbers
Johann Deis aus Haunstetten in Friedberg geboren. Zwei
Heiraten, am 14.1.1737 und am 23.9.1760. Gestorben am
23.2.1787 in Friedberg. Er war im Äußeren Rat und als
Bürgermeister tätig[17].

Werke:
Kutschenuhr, Frankfurt a. M., Sammlung Fränkel. Verschollen.
Abbildung der Rückplatine in: N. R. Fränkel's Uhren-
sammlg., hrsg. von H. Frauberger, Düsseldf. 1913, Fig. 11.

Dölle (Dele, Delle), Thomas, verstarb im Jahre 1689 in
Friedberg[18].

Werke:
Telleruhr, Friedberg, Heimatmuseum, Inv. Nr. 518.

Delle, Johann Daniel, trat am 15.8.1747 seine Lehrzeit an[19].

Werke:
Kutschenuhr sign. *Johann Daniel Delle in Fridberg,* (Auk-
tion Sotheby's London, aus der John Sheldon Collection,
Oktober 1985, Nr. 278).
Taschenuhrwerk, Linz, Oberösterreichisches Landesmu-
seum, Inv. Nr. 60282.

Eckert (Eger, Egger, Eggert, Egerd), Heinrich. Geboren
am 18.7.1717 in Ottmaring als Sohn des Schmieds Michael
Eckert[20]. Er lernte in Friedberg und heiratete dort am
28.11.1745 die Uhrmacherwitwe Maria Glenck. Zeugen
waren Johann Heckel, Uhrmacher und Senator sowie der
Uhrmacher Johann Strauß. Er starb am 7.3.1788[21].

Werke:
Kutschenuhr, Friedberg, Heimatmuseum, Inv. Nr. 1980/
61 (Auktion 24, Peter Klöter, Schloß Dätzingen,
27.9.1980.)

Kutschenuhr, Privatbesitz (Auktion Peter Ineichen, Zürich, 3.11.1980, Nr. 54).
Kutschenuhr, Kassel, Staatl. Kunstsammlungen, Astronom.-physikal.-Kabinett, Inv. Nr. U 107.
Taschenuhrwerk, Friedberg, Heimatmuseum, Inv. Nr. 1987/1414.
Kutschenuhr, Seifhennersdorf, Sammlung Landrock, Inv. Nr. M 40.
Kutschenuhr, München, BNM, Inv. Nr. 14/22.

Engelschal(c)k, Leonhard, heiratete am 16.6.1654 Anna Gerschlacher in Friedberg und starb dort am 24.7.1685. Zwei Söhne wurden Uhrmacher: Johann Christian und Johann Georg.

Engelschalk, (Johann) Christian, wurde am 16.3.1655 als Sohn des Uhrmachers Leonhard Englschalk und seiner Ehefrau Anna geboren. Er heiratete als Kleinuhrmacher am 4.1.1681 die Witwe Maria Bizl, ehemals Stadtzollnerin und starb in Friedberg am 25.4.1706. Er war im Äußeren Rat tätig.

Werke:
Taschenuhr, in: N. R. Fränkel's Uhrensammlung, Düsseldorf 1913, Nr. 50. Auf dem Stundenring sign. *Johann Christian Englsalck,* auf der Rückplatine sign. *Christian Englsalck.*

Engelschalck, Johann Georg. Als Sohn des Kleinuhrmachers Leonhard Engelschalk am 14.3.1656 geboren. Heirat am 25.10.1678, gestorben am 26.7.1687 in Friedberg[22]. Das Augsburger Steuerbuch von 1681 verzeichnet den Uhrmacher Johann Georg Engelschalck[23].

Werke:
Halsuhr in Form eines Totenkopfes, Stuttgart, Württembergisches Landesmuseum, Inv. Nr. 1968-97.
Kunstuhr mit Uhrwerk (Metallophon), München, Bayer. Nationalmuseum München, Inv. Nr. R 3213.

Engelschalck, Ferdinand, (1681-1755), Sohn von Johann

Georg Engelschalck, wurde 1706 Bürger in der Prager Altstadt[24], heiratete dort am 11.7.1706 Katharina Huber und starb am 23.7.1755 in Prag.

Werke:
Taschenuhrwerk in Laterna Magica, sign. *Ferdinant Engelschalck Prag,* Prag, Nationalmuseum, Inv. Nr. 6870.
Taschenuhr, sign. *Fe. Engelschalck Prag,* Prag, Nationalmuseum, Inv. Nr. 7345.
Taschenuhr, Prag, Technisches Museum, Inv. Nr. 26.557.
Tischuhr, Wien, Uhrenmuseum, Inv. Nr. U I Nr. 2407.
Reiseuhr mit Weckvorrichtung (Steinschloß), sign. *Ferdinant Engelschalck Prag,* Brüssel (Abb. Maurice II, Nr. 1048).

Erb, Albrecht, lebte von 1628-1714. Er wurde 1628 in Friedberg geboren[25], war 1653 Uhrmacher in Augsburg und 1661 Meister. Er heiratete 1655 und 1676. Ab 1659 war er Kaiserlicher Hof- und Kammeruhrmacher in Wien. Seine Schwester Katharina war mit Elias Kreittmayr verheiratet. Der Augsburger Johann Kornmann lernte bei ihm[26].
Albrecht Erb schuf Taschen- und Tischuhren sowie astronomische Kunstuhren.
Er blieb seiner Heimatstadt verbunden, wie aus einem Eintrag des Friedberger Pfarrers Erhard hervorgeht: *Zur Orgel ein neuer Subbass gemacht, der 107fl 36x gekostet hat. H. Albrecht Erb, Kayserl. Hofuhrmacher in Wien, hat hierzu hergestreckt 78fl*[27].

Werke:
Taschen- und Tischuhren sowie astronomische Kunstuhren (s. Britten S. 375).

Fleiner, Johann Georg, wurde in Augsburg geboren und heiratete am 14.11.1746 die Friedberger Uhrmacherswitwe Maria Anna Seiz. Trauzeugen waren Daniel Delle, Antonius Steinhart und Sebastian Mahl, alle Uhrmacher[28]. J. G. Fleiner verstarb am 17.2.1754 in Friedberg[29].

Werke:
Kutschenuhr, St. Petersburg, Die Staatliche Ermitage, Inv.

Nr. E-10370, Katalog Die Staatliche Ermitage, Leningrad 1971 Nr. 93.
Taschenuhr, sign. *Fleiner,* abgebildet in: Reinhard Meis, Taschenuhren, Callwey Verlag München 1990, S. 118, Abb. 160, ohne Ortsangabe.

Friedl, Franz Sales, aus Unterried, Landgericht Friedberg. Geburt 1745, Heirat in Friedberg 1788, gestorben am 4.5.1811[30]. Er hatte drei Uhrmachersöhne: Sebastian, geboren 1790, Franz Sales, geb. 1794 und Johann Chrysostomus, geb. 1795.

Friedl, Sebastian, wurde 1790 als Sohn des Kleinuhrmachers Franz Sales Friedl und Maria Anna, geb. Baumann, in Friedberg geboren. Er heiratete am 20.9.1818 Theres Strixner, Tochter des Uhrmachers Andreas Strixner und starb am 2.2.1872 als Witwer[31]. Friedl erhielt vom Magistrat Friedberg am 30.6.1831 die Erwerbsbewilligung[32].

Werke:
Taschenuhr, Friedberg, Heimatmuseum, Inv. Nr. 541.
Taschenuhr, Neusäß-Hainhofen, Privatbesitz.
Emailzifferblatt, sign. *Sebastian Friedl in Friedberg,* Friedberg, Heimatmuseum, Inv. Nr. 1985/253.

Fürstenfelder, Benedikt, wurde am 2.1.1680 als Sohn des Johannes Fürstenfelder von Aichach und seiner Frau Elisabetha in Aichach geboren. Er heiratete dort am 8.8.1707 Magdalena Gastl von Laimering. Kinder: Anton, geboren am 24.5.1708 und Anna Maria, geboren am 21.7.1709[33].
Benedikt Fürstenfelder taucht in den Pfarrmatrikeln in Friedberg ab 1710 auf. Zwischen 1710 und 1725 wurden ihm zwölf Kinder geboren. Als Ehefrau ist eine Helene angegeben. Benedikt Fürstenfelder starb in Friedberg als Senator des Äußeren Rats am 26.7.1754[34].

Werke:
Tischuhr, München, Bayer. Nationalmuseum München, Inv. Nr. R 3793/93.

Sechseckige Tischuhr, London, Victoria & Albert Museum, Inv. Nr. 6214.
Sechseckige Tischuhr, Friedberg, Heimatmuseum, Inv. Nr. 502.
Sechseckige Tischuhr, Mailand, Museo Poldi Pezzoli, Inv. Nr. 555.
Telleruhr, Schloß Baldern/Bopfingen, Privatbesitz.
Monstranzuhr, ehem. Oberdischingen, Privatbesitz (Abb. Maurice II, Nr. 559).
Kutschenuhren, Friedberg, Heimatmuseum, Inv. Nr. 1984/111 und 1990/449.
Kutschenuhr, St. Petersburg, Ermitage Inv. Nr. E 17340.
Taschenuhr, Auktion Kegelmann, Frankfurt a. M., vom 1.12.1984, Nr. 227.
Taschenuhr, Basel, Historisches Museum, Inv. Nr. 1919.183.
Taschenuhr, London, Victoria & Albert Museum, Inv. Nr. 130-1923.
Taschenuhr, Furtwangen, Deutsches Uhrenmuseum, Inv. Nr. 124.

Kutschenuhren, Besitzer, unbekannt:
Auktionskatalog Patrizzi 2, Nr. 146 aus: N. R. Fränkel's Uhrensammlung, Düsseldorf 1913, Nr. 90.
Katalog Sammlung F. Perez y Olaquer Feliu, Barcelona 1955, XLIV, Nr. 73, Reloj de carroza, sign. auf Platine: *Benedikt Fürstenfelder Fridberg.* Sotheby's, 27.10.1978, sign. *B. Firsten of Felder, No 410.*
Christie's, New York, 3.4.1985, sign. *Benedict Firsten Feldr Fridberg.*
Dr. Crott und Schmelzer, Aachen, 10.12.1988, sign. *Benedict Fürstenfelder Fridberg.*

Fürstenfelder, Gotthard, geheiratet 5.5.1749: *Gotthardus Fyrstenfelder, horographus et virtuosa Maria Anna Ondottin soluta de Besanson ex Gallia.* Trauzeugen waren die Uhrmacher *Dominus Benedictus Fürstenfelder senator, Udalricus Mahl, Sebastianus Mahl, Daniel Delle,* alle in Friedberg[35].

Gail (Geill, Geyll), Matthias wurde am 10.2.1633 in Rehrosbach geboren und starb am 2. 3. 1705 als Kleinuhrmacher in Friedberg[36].

Werke:
Wanduhrwerk, Friedberg, Heimatmuseum, Inv. Nr. 1988/55.
Telleruhr, Friedberg, Heimatmuseum, Inv. Nr. 519.
Telleruhr, Winterthur, Sammlung K. Kellenberger, Inv. Nr. 55.
Telleruhr, Bad Wörishofen, Privatbesitz.
Telleruhr, St. Pölten, Privatbesitz.
Telleruhr, Friedberg, Privatbesitz.
Kutschenuhr, London, Victoria & Albert Museum, Inv. Nr. 4532-1858.
Nachtuhr, Friedberg, Heimatmuseum, Inv. Nr. 1991/280.
Reiseuhr, Augsburg, Privatbesitz.

Gastl, Joseph, Lebensdaten im Pfarrarchiv Friedberg nicht vorhanden.

Werke:
Taschenuhr um 1800, sign. *Joseph Gastl,* Friedberg, Heimatmuseum, Inv. Nr. 543.

Glenck, Johann Martin, heiratete am 16.8.1729 nach Friedberg Maria, die Witwe des Uhrmachers Zeidlmayr[37] und starb am 25.5.1741[38].

Werke:
Kutschenuhr, Berlin, Staatl. Museen Preuß. Kulturbesitz, Kunstgewerbemuseum, Inv. Nr. 1982/65.

Goegel, Joseph, gestorben in Friedberg am 6.11.1834, 59jährig[39].

Werke:
Taschenuhrwerk, sign. *Joseph Gögell a Friedberg* (auf dem Sprungdeckel), Friedberg, Heimatmuseum, Inv. Nr. 544.

Grundler, Andreas, in Kissing am 21.11.1705 geboren[40], suchte als Kleinuhrmachergeselle um das Friedberger Bür-

Philipp Happacher

gerrecht nach, da er als künftiger Meister eine Bürgerstochter zu ehelichen gedenke[41]. Er heiratete dreimal: 1733, 1735 und 1736 und starb am 12.12.1740[42].

Werke:
Kutschenuhr, Oxford, Ashmolean Museum of Art, Inv. Nr. B.H.12.

Hagn, Johann. Ein Johann Caspar Hagn wurde am 3.11.1761 in Aichach geboren. Er erbat als Kleinuhrmacher Johann Hagn beim Landgericht Friedberg im Jahre 1811 für seinen Sohn Caspar einen Reisepaß zu einem dreijährigen Aufenthalt in den Österreichischen Landen[43].

Marianne Happacher

Werke:
Taschenuhrwerk, Friedberg, Heimatmuseum, Inv. Nr. 547.
Taschenuhr, Friedberg, Heimatmuseum, Inv. Nr. 546.
Taschenuhr, Friedberg, Privatbesitz.
Taschenuhr, Ulm, Deutsches Brotmuseum, Inv. Nr. 0-5500-1984[44].

Hagn, Caspar, Sohn des Kleinuhrmachers Johann Hagn und der Magdalena Niederländer. Er wurde am 10.12.1787 in Friedberg geboren[45]. Am 3.3.1822 legte er sein Meisterstück in Pest/Ungarn vor und wurde dort als Meister aufgenommen: *Am 3.3.1822 ist Herr Caspar Hagn von Fridberg in Bayern gebürtig, nachdem er sein Probstück in einer französischen Repetieruhr mit Studela(?) auf Stahlfe-*

dern mit doppeltem Steigrad bestehend, dann ein zweites Probstück in einer Minutenuhr mit Studela(?) und Zilinder, um die gewöhnliche Ordnung nicht zu stören sowie zu unterbrechen, um zu zeigen, daß er selber auch fähig ist, einen Zilinder ganz zu verfertigen, aufgezeigt, und als fleißig erklärt worden, ist selber als Mitmeister an und aufgenommen worden[46].

Werke:
Taschenuhrwerk, Inv. Nr. 81.80, Taschenuhr, Inv. Nr. 83.1.1. und Rahmenuhr, Inv. Nr. 29341, Budapest, Historisches Museum – Kiscelli-Museum.
Taschenuhr, Inv. Nr. 1904.84.17, Budapest, Nationalmuseum.

Happacher, Philipp, lebte in Friedberg als Kleinuhrmacher von 1711 bis 20.5.1792[47]. Er wird bei seinem Sterbeeintrag als Senator des Inneren Rats bezeichnet. Aus dem Besitz von Philipp Happacher sind folgende Bücher im Heimatmuseum Friedberg erhalten: *M. Eberhardi Welperi Gnomonica oder gründlicher Unterricht und Beschreibung wie man allerhand Sonnen-Uhren auf ebenen Orten künstlich aufreissen und leichtlich verfertigen soll*, Nürnberg 1672, Inv. Nr. 2613. – *Johannis Gauppii Gnomonicae Mechanicae. Fortsetzung der Mechanischen Sonnen-Uhr-Kunst*, Franckfurt und Leipzig 1720, Inv. Nr. 2614. – *Technisches Lehrbuch für Geometrie, Optik, Perspektive*, 1776, Inv. Nr. 2615. – *Tafelband für Uhrmacher und Instrumentenbauer*, 18. Jh., Inv. Nr. 2616. - Zwei Portraits (Ölgemälde) Philipp und Marianne Happacher, Friedberg, Heimatmuseum, Inv. Nr. 66 u. 67.

Werke:
Äquatorialsonnenuhr, Friedberg, Heimatmuseum, Inv. Nr. 486.
Taschenuhr in: N. R. Fränkel's Uhrensammlung, hrsg. von H. Frauberger, Düsseldorf 1913, Nr. 100, sign. *Reheappah London*, Taf. 17.
Taschenuhr mit Figurenautomat, Heiliger Hubertus, Friedberg, Heimatmuseum, Inv. Nr. 548.

Taschenuhr mit Figurenautomat, Verkündigung an Maria, Paris, Louvre, Inv. Nr. OA 8351.
Einschreibbuch und Familienchronik des Kleinuhrmachers Philipp Happacher, 1746 ff, Friedberg, Heimatmuseum Inv. Nr. V 9.

Happacher, Bartholomäus. Geboren als Sohn des Philipp Happacher am 6.11.1749. Er legte am 15.7.1783 sein Meisterstück vor[48]. Gestorben am 13.9.1826[49].

Werke:
Taschenuhr, Friedberg, Heimatmuseum, Inv. Nr. 1990/485.

Happacher, Xaver, Sohn des Kleinuhrmachers Bartholomäus Happacher, lebte in Friedberg von 1795 bis 1855. Am 26.9.1829 wurde ihm das väterliche Anwesen übergeben und die Uhrmacherkonzession samt dem Bürgerrecht erteilt. Er heiratete am 23.11.1829 die Uhrmacherstochter Ursula Heckl[50]. Ab 1842 bekleidete er das Amt eines Bürgermeisters, war Geometer und ab 1836 Musikmeister des Bürgermilitärs und Magistratsrat[51].
Der Bruder des Xaver, **Philipp,** ließ sich in Wien nieder, wo er 1843 starb. Dieser wurde bekannt vor allem durch seine präzisen Regulatoren.
Dessen Sohn **Jakob** ging ab 1843 für drei Jahre zu Xaver in Friedberg in die Lehre.
Die beiden Söhne von Xaver, Leonhard und Ludwig, begannen ihre Wanderjahre nach Wien im Jahre 1849 und 1850.

Werke:
Taschenuhr, Friedberg, Privatbesitz.
In Friedberg, Heimatmuseum:
Wappen, Aquarell in Rahmen, Inv. Nr. 230.
Drei Stadtansichten von Friedberg, Aquarelle, Inv. Nrn. 89, 90, 91.
Zwei Landschaftsaquarelle, Inv. Nrn. 145, 146.
Modell einer Kutsche, Inv. Nr. 2118.
Flurplan von Friedberg, Inv. Nr. 122.

Tagebuch ab 1826, in dem er die Begebenheiten seines Lebens und die seiner Familie schildert, Inv. Nr. V 10.

Happacher, Leonhard, Sohn des Xaver und seiner Ehefrau Ursula, geb. Heckl, wurde am 24.9.1830 geboren und auf den Namen Joseph Leonhard getauft. Im Tagebuch seines Vaters Xaver wird er unter dem Namen Leonhard geführt. Er reiste 1849 nach Wien ab, um seine Wanderjahre zu beginnen. Xaver kaufte für ihn in Rain a. Lech die Uhrmacherkonzession am 13.3.1854 für 300 Gulden. Ab 27.3. machte er sich dort ansässig, kam aber nach dem Tod des Vaters nach Friedberg zurück und machte seine Eingabe beim Magistrat im Jahre 1856. Er heiratete 1857 Anna Schorrer. Am 16.8.1859 wurde der Sohn Joseph Franz Xaver geboren, später nur Joseph genannt. Leonhard verkaufte 1860 das väterliche Anwesen für 5000 Gulden und kaufte dafür das Wohnhaus der Garaisbraustätte um 5200 Gulden. Im Jahr 1862 wurde er zum Leutnant ernannt, 1872 in den Magistrat gewählt und bekam die Krankenhausverwaltung. Er war als Uhrmacher an der Restaurierung des Zunftschildes 1876 beteiligt. Nur 48jährig starb er am 12.5.1878[51].

Happacher, Ludwig, Sohn des Xaver und seiner Ehefrau Ursula, geb. Heckl, wurde am 16.9.1831 geboren und auf den Namen Ludwig Philipp getauft. Im Tagebuch seines Vaters wird er nur Ludwig genannt. Nach dem Beginn seiner Wanderzeit als Kleinuhrmachergeselle nach Wien im Jahre 1850 lebte er nur noch 6 Jahre und verstarb am 6.2.1856 in Friedberg[52].

Häckhl, Conrad, wurde in Friedberg im Jahre 1686 geboren, heiratete 1718 und starb hier am 4.7.1743[53].

Werke:
Kutschenuhr, Friedberg, Heimatmuseum, Inv. Nr. 1984/146 (Auktion Bonhams, London, 9.12.1983, Nr. 210).

Häckl, Franz (Francesko), tätig um 1730[54]
Wohl identisch mit Heckel, Frantz

Werke:

Kutschenuhr, sign. *Francesko Heckhl in Fridberg* in: Uhrensammlung Robert Pleisser im Mathematisch-Physikalischen Salon in Dresden (Vormaliger Besitz des Zaren Nikolaus II.[55]).
Taschenuhr, sign. *Frantz Häckel,* Winterthur, Uhrensammlung K. Kellenberger, Inv. Nr. 95.

Heckel, Johann, wurde am 9.6.1673 als Sohn eines Schneiders Franciscus Heckel geboren. Er heiratete am 13.7.1700 Catarina Kreitmayr. Zeugen waren die Uhrmacher Ferdinand Steinhard und Matthias Gail. Johann Heckel verstarb 1743 in Friedberg[56].

Werke:

Taschenuhren, Friedberg, Heimatmuseum, Inv. Nr. 1986/331 und 1987/4 (Auktion Sotheby's, New York, aus der Atwood Collection, 11.12.1986, Nr. 35).
Taschenuhren, Basel, Historisches Museum, Inv. Nrn. 1919.135 und 1919.137.
Taschenuhr, London, The British Museum, Inv. Nr. MLA.1958,1201.683.
Kleine sechseckige Tischuhr, Auktion Ineichen 9, Nr. 223.
Große Silbertaschenuhr, sign. *Zeidlmayr & Heckhel Nr. 268,* Köln, Auktion Galerie am Neumarkt XVII, 8.10.1971, Nr. 163.

Heckel, Franz Elias, wurde als Sohn des Uhrmachers Johann Heckel und seiner Ehefrau Anna am 9.4.1721 geboren. Er heiratete als Witwer am 29.5.1747 Rosa, des Eurasburger Posthalters Bauhoff Stieftochter, geb. Weinmayr, die ihm 13 Kinder gebar. Er zog 1773 mit seiner Familie nach Eurasburg und kaufte die dortige Posthalterei für 13000 fl[57]. Er starb dort am 7.2.1776 und wurde auf dem dortigen Friedhof begraben. Siehe Grabstein mit folgender Aufschrift:*Hier liegt begraben der wohledle Herr Franz Elias Heckhl, Kaisl. Reichs Posthalter zu Euraspurg. Seines Alters 55 Jahr, gestorben den 7. Februar 1776. Gott verleihe ihm die ewge Ruhe.*

Franz Elias Heckel

Portraits von Franz Elias und Rosa Heckl, er mit einem Brief in der Hand, im Heimatmuseum Friedberg, Inv. Nr. 16, 17.

Werke:

Taschenuhr, sign. *Frantz Heckel Fridtberg,* Winterthur, Uhrensammlung K. Kellenberger, Inv. Nr. USK 95.

Heckel, Franz Joseph, wurde im Gesellenbuch für fremde Uhrmacher in Graz am 6.11.1746 als Geselle und Uhrmachersohn von Friedberg eingeschrieben[58]. Er heiratete am 29.1.1754 in Friedberg Maria Catharina Weinmayr aus Lechhausen. Zeuge war der Uhrmacher Franciscus Heckel. Franz Joseph Heckel starb am 17.12.1796 in Friedberg[59].

Werke:
Taschenuhr, St. Petersburg, Ermitage, Inv. Nr. E-17407.

Heckl, (Johann) Sebastian. Der Sohn des Kleinuhrmachers Conrad Heckel und seiner Ehefrau Catharina, wurde im Jahre 1749 als Geselle in das Einschreibbuch für fremde Gesellen in Graz eingetragen[60]. Er heiratete am 26.10.1761 Maria Ursula Brosy, Tochter des Uhrmachers Johann Paul Brosy, in Friedberg[61] und starb am 18.5.1793 mit 63 Jahren[62].

Heckl, Joseph Anton, Kleinuhrmacherssohn, heiratete am 28.5.1752 Maria Anna Rieg aus München und um das Jahr 1770 Maria Anna Seiz[63]. Am 23.2.1791 bat er wieder um das Bürgerrecht[64]. Er starb am 22.3.1802 mit 79 Jahren[65].

Häckl, Augustin, bürgerlicher Kleinuhrmachersohn, bittet am 14.6.1796 für sich und seine angehende Ehewirtin Christina Lattner, Friedberger Kleinuhrmacherstochter, um das Bürgerrecht[66].

Heckl, Johann, Kleinuhrmacher, verstarb am 9.3.1823 54jährig an Abzehrung[67].

Werke:
Taschenuhr, Friedberg, Heimatmuseum, Inv. Nr. 1989/295.

Heckl, Joseph Eustach, starb als Kleinuhrmacher und Uhrenhändler am 12.11.1832 in Friedberg[68]. Er war mit Maria Anna Gögl, Riemerin, verheiratet.

Helwig (Helbig), Franz Carl, heiratete am 15.5.1752 als Witwer die Jungfer Maria Hohenadl in Friedberg. Er starb dort am 26.12.1771.

Werke:
Kutschenuhr, Augsburg, Städt. Kunstsammlungen, Inv. Nr. 5806.

Henggi, Joseph Anton, stammt von Mühl bei Bichelbach, Pfarrei Breitenwang in Tirol, wo er am 4.9.1773 für *fümf Jahre aufgedingt* wurde. Er kam 1785 als Kleinuhrmacher nach Friedberg[69]. Am 23.4.1790 heiratete er Maria Barbara, Tochter des Uhrmachers Sebastian Baumann[70], nachdem er das Meisterstück gefertigt und um Bürgeraufnahme gebeten hatte. Für das Bürgerrecht bezahlte er 10 Gulden und für das Heiratsgut von 300 Gulden 15 Gulden an die Stadtkammer[71]. Er starb hier am 15.7.1831[70].
Im Heimatmuseum befindet sich die Originalurkunde des Lehrbriefes von Joseph Anton Henggi, ausgestellt zu Bichelbach am 8.11.1785, versehen mit dem *Zunftsiegel des doppelten Reichsadlers und beygesetzten Handwerks Wappen,* Inv. Nr. 110/3.

Werke:
Taschenuhrwerk, Friedberg, Heimatmuseum, Inv. Nr. 549.

Ho(c)henadl, Adalbert, geboren in Prag, heiratete am 22.6.1711 als Uhrmachermeister in Friedberg Ursula Ruml[72]. Tauschbrief um zwei Behausungen zwischen ihm und dem *ehrengeachten und kunstreichen Adalbert Martin Hochenadl, Bürger und Kleinuhrmacher allhier* vom 14.3.1737. Zeugen waren Johann Baptist Rumbl (Rummel), Mathias Schreiner, Benedikt Hueber, Martin Glenck und Johann Hochenadl, alle Kleinuhrmacher von Friedberg[73]. Söhne: Adalbert und Andreas.

Ho(c)henadl, Johann, Kleinuhrmachers- und Bürgerssohn von hier, wurde mit seinem Eheweib Theresia am 5.7.1730 erwähnt[74]. Er starb am 21.6.1743 in Friedberg[75]. Im Ratsprotokoll von 1737 steht, er *hat sich erfrecht, eine Cronathen (Granate) zu werfen nach Gebetszeit: einen Tag mit Wasser und Brot im Kälberkeller (Gefängnis in Friedberg)*[76].

Hochenadl, Adalbert (Martin), wurde am 28.3.1713 als Sohn des Kleinuhrmachermeisters Adalbert und seiner Ehefrau Ursula in Friedberg geboren[77]. Im Ratsprotokoll Friedberg von 1737 steht, daß er dem Bürger und Silberstecher in Augsburg, Georg Daniel Deschler, den Stecherlohn von 12 fl schulde[78]. Am 3.7.1740 ließ er sich in das Gesellenbuch in Graz einschreiben[79].

Hochenadl, Andreas, wurde als Sohn des Kleinuhrmachermeisters Adalbert und seiner Ehefrau Ursula (+19.5.1736) am 21.11.1714 in Friedberg geboren. Er ließ sich am 3.7.1740 in Graz in das Gesellenbuch eintragen und heiratete in Wien die Tochter des Kleinuhrmachers Ignaz Demmer. Am 18. März 1743 wurde er in Wien Bürger und gleichzeitig Meister. 1754 war er Untervorsteher seiner Zunft. Als er am 4.11.1793 im Blutgassl Nr. 866 starb, war er Witwer und hinterließ fünf großjährige Kinder. Zwei davon wurden auch Uhrmacher: **Franz** und **Adalbert**. Er hinterließ ein Vermögen von 2116 Gulden[80].

Werke:
Kutschenuhr, sign. *Andreas Hochenadl A Vienna 583,* Berlin, Märkisches Museum.

Hochenadl, Franz, war einer der vier Söhne des Kleinuhrmachers Andreas Hochenadl. Er unterschrieb auf der Verlassenschaftsurkunde seines Vaters mit K.K. Kammeruhrmacher. Er war wohl der Älteste und führte die Werkstatt weiter. Als K.K. Kammeruhrmacher hatten auch Vater, Brüder und Schwester den *Schutz* eines hofbefreiten Uhrmachers und standen somit außerhalb des Zunftzwanges. Sie leisteten keine Beiträge in die Zunftkasse[80].

Werke:
Telleruhr, sign. *Francois Hochenadel Wien 1727,* Auktion Klöter 62, 11.3.1989, Nr. 686.

Keller, Johann Michael, wurde nicht in Friedberg geboren. Er heiratete dorthin am 26.1.1671 Ursula Bayr und am 26.4.1672 die Witwe Anna Maria Het und starb am 27.5.1679 als Uhrmacher in Friedberg[81].

Werke:
Taschenuhr, London, The British Museum, Inv. Nr. MLA.1888, 1201.207.

Keller, Johann Michael, jun., wurde als Sohn des Kleinuhrmachers Johann Michael am 13.4.1676 geboren. Taufpate war der Uhrmacher Elias Kreittmayr[82]. Am 19.3.1690 kam er in Graz in die Lehre beim Meister Georg Neßl auf fünf Jahre[83].

K(h)ornmann (Korenn Mann), Johann, wurde am 27.9.1640 in Friedberg geboren, heiratete am 23.4.1668 Anna Maria und verstarb am 28.5.1719 in Friedberg[84].
Er lernte sechs Jahre lang bis 26.2.1660 in Wien als Geselle bei Albrecht Erb, Uhrmacher aus Friedberg. Dann wurde er dort öffentlich freigesprochen und entlassen. Er erhielt in Wien vom Kaiserlichen Hofmarschall den Gesellenbrief überreicht. Darin wird sein ehrliches Herkommen und sein redliches Verhalten bezeugt. Nach Augsburg zurückgekehrt, schrieb er am 4.3.1660 als Kleinuhrmachergeselle von Friedberg an die Stadtpfleger, Bürgermeister und Räte in Augsburg, er möchte *bei der Laden und in den Werkstätten in Augsburg als ein rechtmäßiger Kleinuhrmachergesell admittiert und unbeeinträchtigt gelassen werden.* Dies wird im verwehrt, weil der Lehrbrief, den Albrecht Erb in Wien ausgestellt hatte, in Augsburg nicht anerkannt wurde: Albrecht Erb war nämlich Römisch-Kaiserl. Stadtkammer- und Hofbefreiter Kleinuhrmacher und hatte deshalb kein Meisterstück anfertigen müssen. Johann Kornmann sollte deshalb bei einem Meister zu Friedberg, *der ein Stück* (Meisterstück) *gemacht hat,* lernen. Kurz nach seiner Beschwerde verließ er die Stadt und übersiedelte nach Friedberg[85]. Johann Kornmann lieferte Uhren an die Residenz in München[86].

Werke:
Halsuhr in Form einer Tulpe, München, Bayer. Nationalmuseum, Inv. Nr. R 825.
Taschenuhr, Budapest, Kunstgewerbemuseum, Inv. Nr. 53.522.

Taschenuhr, Auktion Peter Klöter, Schloß Dätzingen, 7.12.1991, Nr. 397.
Große silberne Sackuhr, Auktion Nr. 75 Peter Klöter, Schloß Dätzingen, 13.6.1992, Nr. 336.
Taschenuhr mit emailliertem Gehäuse mit Portrait des Prinzen Eugen, sign. *Les Frères Huaut*, Werk sign. *Johan Khornman*, Basel, Historisches Museum, Sammlung Dr. Eugen Gschwind, Inv. Nr. G194.
Taschenuhren, Budapest, Kunstgewerbemuseum, Inv. Nr. 19.265 und 53.522.
Taschenuhr mit emailliertem Gehäuse sign. *Les Frères Huaut*, Werk sign. *Johann Khornman* (Auktion Sotheby's, London, 1./2.10.1992, Nr. 22).
Taschenuhr erwähnt in: Fränkel's Uhrensammlung, Nr. 47.

Kornmann (Kohrmann, Korenmann, Kornmas), Johann Georg, wurde als Sohn des Kleinuhrmachers Johann Kornmann am 24.4.1673 geboren. Er heiratete am 22.7.1697 Sabine Zech und am 10.2.1722 Afra Erhart und verstarb am 22.3.1743 als Kleinuhrmacher und Bürgermeister in Friedberg[87]. Ab 1731 wird er als Mitglied des Inneren Rats erwähnt[88].

Kornmann, Joseph Anton, ist der Sohn des Johann Georg. Er ließ sich am 26.9.1729 als Kleinuhrmacher und Meistersohn in das Gesellenbuch in Graz einschreiben, suchte 1732 um die Meisterschaft dort nach, heiratete nach einem Aufenthalt in Wien 1732 im Jahre 1733 in Graz und starb dort auch[89].

Kreittmayr, Wiguläus, ist der früheste archivalisch faßbare Kleinuhrmacher der Kreittmayr-Familien, die in vier Generationen Uhren in Friedberg, München und Prag hergestellt haben. In Friedberg geboren, wurde er als Bürger zwischen 1600 und 1610 erwähnt und starb um das Jahr 1660. Drei seiner Söhne erlernten das Uhrmacherhandwerk: Johann, Johann Georg und Johann Elias. Aus diesem Uhrmachergeschlecht ging auch der kurbayerische Staatskanzler Wiguläus Franz Alois Freiherr von Kreittmayr (1705-1790) hervor.

Kreittmayr, Johann Georg, war der Sohn des Kleinuhrmachers Wiguläus. Er lernte in München das Uhrmacherhandwerk, heiratete 1634 dort und verstarb dort im Jahre 1660 oder 1675[90].

Werke:
Halsuhr, sign. *I. G. K.* (vermutlich Johann Georg Kreittmayr, siehe Auktionskatalog Antiquorum, Genf, 17./18.10.1992, Nr. 455).
Kutschenuhrwerk mit Stundenselbstschlag, sign. *Johan Georg Kreittmayr München,* Basel, Historisches Museum (veröffentlicht von H. C. Ackermann, Die Uhrensammlung Nathan-Rupp in: Historisches Museum Basel, Basel 1984, Nr. 241).

Kreittmayr, Johann, war mit Maria, geb. Weineis, verheiratet. Der Kleinuhrmacher, der im Jahr 1667 das Amt des Bürgermeisters und Seelhauspflegers innehatte, war Mitglied des Inneren Rates. Er starb am 13.4.1675[91].

Werke:
Kutschenuhr, sign. *Johann Creitt Mayr,* London, The British Museum, Inv. Nr. 1992, 7-16.1.

Kreittmayr, Elias (I), wurde am 26.7.1639 als Sohn des Uhrmachers Johann Kreittmayr und seiner Ehefrau Maria, geb. Weineis, in Friedberg geboren. Er heiratete am 15.10.1661 die Jungfer Katharina Erb. Von seinen neun Kindern wurden drei Söhne Uhrmacher: Johannes, Elias (II) und Johann Georg. Elias Kreittmayr starb am 20.4.1697 als Bürgermeister und Kleinuhrmacher[92].

Werke:
Tischuhr, Friedberg, Heimatmuseum, Inv. Nr. 500.
Tischuhr (Fragment), Friedberg, Heimatmuseum, Inv. Nr. 501.
Tischuhren, Prag, Kunstgewerbemuseum, Inv. Nrn. 3901 und 15152.
Tischuhr, Graz, Landesmuseum Joanneum, Inv. Nr. 5617.
Tischuhr, La Chaux-de-Fonds, Musée international d'horlogerie, Inv. Nr. 154.

Spiegeluhr, Wien, Kunsthistorisches Museum, Inv. Nr. 1175.
Kutschenuhr, Genf, Musée de l'horlogerie et de l'émaillerie, Inv. Nr. 533.
Kutschenuhr, Deutsches Uhrenmuseum Furtwangen, Inv. Nr. K 556.
Kutschenuhr, Cambridge, The Fitzwilliam Museum, Inv. Nr. M.105-1930.
Kutschenuhr, als Standuhr montiert, Auktionskatalog Sotheby's London, 16.6.1989, Nr. 312.
Kutschenuhr, Auktionskatalog Patrizzi, Genf, vom 6./7.10.1974, Nr. 168.
Stutzuhr, Prag, Kunstgewerbemuseum, Inv. Nr. 14432.
Stutzuhr, County Museum, Los Angeles.
Stutzuhr, Schweiz, Privatbesitz.
Große Taschenuhr, Budapest, Nationalmuseum, Jank. 86.
Stutzuhr, Neapel, Privatbesitz.

Kreittmayr, Elias (II), wurde am 14.9.1676 als Sohn des Elias (I) Kreittmayr und seiner Ehefrau Katharina geboren und starb ca. 1720 in Friedberg[93].

Werke:
Stutzuhr, Friedberg, Heimatmuseum, Inv. Nr. 503.
Stutzuhr, Wien, Uhrenmuseum, Inv. Nr. U I 460.

Kraitmayer (Kreuthmeyer), Johann Sebastian, wurde als Sohn des Kleinuhrmachers Johann Kreitmayr und seiner 2. Ehefrau Ursula, geb. Meilinger, geboren. Er heiratete am 7.11.1717 in Prag Anna Sskroffer und war seit 1718 Bürger der Prager Altstadt[94].

Khreithmaier, Franz, Groß- und Kleinuhrmacher aus Friedberg/Bayern. Geboren am 11.8.1670 als Sohn des Kleinuhrmachers Johann Kreitmayr und seiner Ehefrau Regina[95]. Um 1692 heiratete er Anna Engelschalk[96]. Er übernahm im Jahre 1694 in Friedberg 900 fl Erbgut[97]. Seit 1695 war er Bürger in Prag und starb am 4.10.1714, erst 43jährig[98]. Er dürfte identisch sein mit jenem Franz Kraitmayer (Creytmayer, Kreitmayer), von dessen fünf Kindern der erstgeborene Sohn Franz, geb. am 13.1.1700, wieder

Uhrmacher in Prag wurde. Seine Ehefrau Regina Khreuttmayr bat als verwitwete *Bürgerin und geweste Kleinuhrmacherin in der königlichen Statt Prag*, im Jahre 1737 in Friedberg als eine Bürgerin und Bürgermeisterstochter von dort, nebst ihren vier Töchtern: Maria (geb. 1722), Anna (geb. 1724), Regina (geb. 1726) und Maria Cecilia (geb. 1728) in Prag, um das Bürgerrecht. Es wurde bewilligt gegen Bezahlung von 64 fl[99].
Im Kunstgewerbemuseum Prag ist auf einer Karteikarte zur horizontalen Tischuhr von Elias Kreittmayr, Inv. Nr. 3901, ein Franz Kreitmayer, Silbergraveur genannt, geboren in Friedberg, der ab 1695 als Bürger und Uhrmacher in der Prager Altstadt aufgenommen wurde. Er heiratete im Jahre 1730 auf der Kleinseite Ludmilla Frynchovan. Ob es sich bei dem Namen Franz Kreittmayr um eine oder zwei verschiedene Personen handelt, bleibt der weiteren Forschung vorbehalten.

Werke:
Taschenuhren, Prag, Nationalmuseum, Inv. Nrn. 25831 und 36104.
Taschenuhren, Prag, Kunstgewerbemuseum, Inv. Nrn. 15.152 und 14.432.

Kurz, (Johann) Sebastian, wurde am 22.11.1743 als Sohn des Schneiders Anton Kurz in Friedberg geboren. Sein Taufpate war der Uhrmacher Sebastian Koch[100]. Er lernte in Friedberg, ließ sich am 23.11.1766 in Graz als Geselle in das Gesellenbuch einschreiben und wurde später in Brünn wohnhaft, wo er am 8.7.1772 Meister wurde und am 9.10.1828 starb[101].

Werke:
Stutzuhr, sign. *Seb. Kurtz Brünn*, Friedberg, Heimatmuseum, Inv. Nr. 1988/450.
Tischuhr, Prag, Kunstgewerbemuseum, Inv. Nr. 50359.
Werke in Brünn: Stadtmuseum, Inv. Nrn. 105626, 105921 und Kunstgewerbemuseum.
Werke in Troppau: Stadtmuseum.

Lechner, Matthäus, wurde am 21.9.1778 als Sohn des

Matthäus und Anna Lechner

Uhrmachers Ignaz Lechner und Benedikta, geb. Niederländer, in Friedberg geboren. Er heiratete am 18.8.1806 Anna Wiedmann und starb als Witwer am 20.7.1843[102]. Es existieren von seiner Hand zwei Portraitscherenschnitte, die ihn und seine Frau zeigen. Friedberg, Heimatmuseum, Inv. Nrn. 227 a und b.

Werke:
Standuhr, Friedberg, Heimatmuseum, Inv. Nr. 497.

Lechner, Franz (Franziskus), wurde als Sohn des Bauern Isidor Lechner in Bachern geboren und heiratete als Uhrmacher am 21.5.1798 die Maria Josepha Bannrucker (Baurucker), Tochter des Uhrmachers Benedikt Bannrukker[103]. Ihr Sohn, der spätere Kleinuhrmacher Sebastian, wurde im Jahr 1799 geboren.

Werke:
Taschenuhr, sign. *Franz Lechner in Friedberg*, Augsburg, Städtische Kunstsammlungen, Inv. Nr. 11730.
Kommodenuhr, sign. *Franz Lechner in Augsburg*, Augsburg, Städtische Kunstsammlungen, Inv. Nr. 8394.

Lechner, Sebastian, wurde in Friedberg am 19.8.1799 als Sohn des Uhrmachers Franz Lechner und Josepha, geb. Baurucker, geboren[104]. Er kam auf seiner Wanderschaft von 1817 bis 1826 nach Wien und Ungarn und wieder nach Friedberg zurück, wo er aber nicht verstarb. In seinem *Einschreib- und Aufzeichnungsbuch* schreibt er zur Technik des Uhrmacherhandwerks und berichtet über seine Reise[105]. Sebastian Lechner wird im Friedberger Ratsprotokoll von 1835 als Bürger und Kleinuhrmacher erwähnt[106].

Werke:
Einschreib- und Aufzeichnungsbuch, Friedberg, Heimatmuseum, Inv. Nr. 1992/1060.

Lechner, Peter, von Sirchenried wird am 26.1.1801 auf dem Kundschaftsbrief erwähnt, der auf ihn in Friedberg ausgestellt wurde[107].

Lechner, Joseph, wurde am 21.7.1811, *von Fridberg gebürtig,* nach Vorweisung seines Probestückes als Mitmeister in das Handwerksbuch in Pest/Ungarn eingetragen, am 28.1.1855 sein Sohn Joseph[108].

Lechner, Maximilian, von Friedberg wurde am 20.4.1845 nach Vorweisung seines Meisterstückes als Kleinuhrmachermeister in Pest aufgenommen[109].

Legeips, Jos., siehe Spiegel, Joseph.

Leir, Momis, siehe Riel, Simon.

Lenz, Johann Georg, heiratete als Kleinuhrmachergeselle am 27.4.1785 die Tochter des Friedberger Kleinuhrmachers Sebastian Mahl, Anna Anastasia[110].

Lenz, Paul, wurde in Friedberg 1770 geboren und heiratete am 25.6.1798 die Crescentia Panrockerin (Banrucker), Tochter des Kleinuhrmachers Joseph Banrucker, der auch im Äußeren Rat war. Sie kauften die Behausung und den Grund des verstorbenen Vaters und baten um das Bürger-

Matthäus Lechner, 1830 dat.

recht[111]. Paul Lenz verstarb am 22.2.1855 als Witwer, 85jährig, an Lungenlähmung[112].

Werke:
Taschenuhren, Friedberg, Heimatmuseum, Inv. Nrn. 550, 551, L257, 1987/1412.
Taschenuhr, Friedberg, Privatbesitz.

Lipp, Matthias, wurde vor 1762 als Sohn des Jakob Lipp aus Harthausen geboren[113], lernte bei Heinrich Eckert und legte sein Meisterstück in Friedberg am 17.1.1788 vor. Er heiratete Anna Maria, später Thecla Kohlmann am 22.1.1788[114].

Werke:
Taschenuhr, Friedberg, Heimatmuseum, Inv. Nr. 552.

Märtel, Ferdinand, wurde am 13.10.1728 in Friedberg geboren, heiratete am 30.7.1780 – wohl zum zweiten Mal – und verstarb dort am 10.4.1784[115].

Werke:
Kutschenuhr, Karori/Neuseeland, 1973 (verschollen).

Märtel, Maximilian Ferdinand, Uhrmachergeselle aus Friedberg, heiratete am 26.4.1800 in Graz und vollendete am 18.12.1808 sein Meisterstück, eine silberne Repetieruhr[116].

Mayr, Johann Georg, wurde in Friedberg am 14.5.1636 geboren und heiratete am 7.1.1704 als Witwer, Uhrmacher und Handelsmann ein zweites Mal[117].

Werke:
Kutschenuhr, sign. *Johann Georg Mayr Fridberg*, Auktion Weinmüller 93, Nr. 101, Lot. 629a.

Mayr, Ignaz, von Landsberg gebürtig, erbat am 5.8.1795 als Kleinuhrmacher in Friedberg das Bürgerrecht, da er die *hiesige Jakob Schenkisch, bürgerliche Kleinuhrmacherswittib plus viellen Kindern zu ehelichen gedenkt.* Er habe das Meisterrecht vom hiesigen Kleinuhrmacherhandwerk schon erlangt[118]. Er heiratete am 11.8.1795 die Witwe Theresia Schenk und starb am 17.1.1858 als Torwart, 84jährig[119].

Werke:
Kutschenuhr, angeboten bei Lukas Stolberg, Graz, Katalog Alte Uhren und Geräte XLII, Nr. 26, 1992.

Mayr, Sebastian, wurde am 20.10.1804 als Sohn des Uhrmachers Georg Mayr in Friedberg geboren, heiratete am

24.10.1836 Franziska Ruf und verstarb am 15.6.1884 79jährig als Uhrmachermeister und Witwer[120]. Er bat am 15.10.1836 um Erwerbsbewilligung beim Magistrat der Stadt Friedberg[121].

Werke:
Taschenuhren, Friedberg, Heimatmuseum, Inv. Nrn. 556 und 557.

Miller, Ferdinand, Kleinuhrmacher von Friedberg, wurde erwähnt bei der Geburt seiner Tochter Anna Christina am 29.12.1683[122].

Miroir (Miruar), Joseph, siehe Spiegel, Joseph.

Momis Leir, siehe Riel, Simon

Niggl, Joseph, ein Friedberger Goldschmiedesohn, lernte vermutlich in Friedberg das Uhrmacherhandwerk. Er dürfte im Jahr 1723 geboren sein und war 1749 in Graz eingeschrieben. Die Friedberger Uhrmacher Johann Michael Elbl und Simon Pointner stellten für ihn einen Lehrbrief aus, da er 1750 in Salzburg Meister werden wollte[123].

Pollinger, Johann Wolfgang, heiratete als Uhrmacher am 3.7.1725 Catharina Treffler (+1733) in Friedberg und am 24.11.1733 als Witwer die Witwe Eva Seiz[124]. Geburts- und Sterbedatum sind in Friedberg nicht auffindbar[125]. Er wurde 1741 als Hersteller von Satteluhren (=Kutschenuhren) und 1761 als Kleinuhrmacher in Friedberg erwähnt[126]. Am 1.6.1744 wird Wolfgang Pollinger als *ehrengeacht und kunsterfahren* bezeichnet[127]. Taufpate mehrerer Kinder von Wolfgang Pollinger war der Uhrmacher Mathias Schreiner von Friedberg[128].

Werke:
Kutschenuhr, sign. *Johann Wolfgang Pollinger Fridtberg*, London, Victoria & Albert Museum, Inv. Nr. 289-1854. Taschenuhrwerk, Friedberg, Heimatmuseum, Inv. Nr. 1988/71.

Kutschenuhr, sign. *Johan Wolfgang Bollinger Fridberg*, Auktion Sotheby's vom 10.12.1973, Nr. 227.
Kutschenuhr, sign. *Johan Wolfgang Bollinger Friberg*, Auktion Christie's, London, 21.11.1990, Nr. 154 und Auktion Dr. H. Crott, Aachen, Nr. 43, 27.4.1991, Nr. 203.

Rehle, Johann, wurde am 28.12.1684 als Sohn des Weinhändlers Johann Rehle in Friedberg geboren[129]. Er heiratete am 29.7.1714 Maria Anna Westner und starb am 19.4.1726 als Uhrmacher und Weinhändler[130].

Werke:
Kutschenuhr, sign. *Johann Rehle Fridtberg*, Belgien, Privatsammlung.

Reheappah, siehe Happacher, Philipp

Rellahel, siehe Schaller, Balthasar.

Rengaw, siehe Wagner, Johann Georg.

Riel, Simon, Sohn des Gärtners Jakob Wenceslaus Riell, bat am 13.5.1769 als *hiesiger bürgerlicher Gueltnerssohn und diesjähriger Zunftmeister der Kleinuhrmacher* um das Bügerrecht[131] und heiratete am 5.6.1769 in Friedberg und 1775 als Witwer Katharina Strauß. Er starb am 22.2.1811 73jährig[132].

Werke:
Kutschenuhr, sign. *Momis Leir Paris*, getriebenes Silbergehäuse sign. *C f I,* Ort unbekannt.

Riel, Johann (Jakob), wurde am 26.5.1780 als Sohn des Simon Riel in Friedberg geboren. Er heiratete am 8.5.1803 die Tochter des Kleinuhrmachers Sebastian Heckl, Magdalena, die bisher im väterlichen Haus Nr. 299 bei der Mutter Ursula, geb. Brosy, gewohnt hatte. Johann Riel wohnte bis dahin im väterlichen Hause Nr. 282[133]. Er schrieb am 28.8.1820 an den Stadtmagistrat Friedberg, daß er sich *als Kleinuhrmacher in Stadtamhof ansässig machen wolle und* *bat um eine Abschrift des Allerhöchsten Reskripts vom 22.3.1805, nachdem jene Kleinuhrmacher von Friedberg vorzüglich berücksichtigt werden sollen, die sich wegen Mangel an Arbeit an anderen Orten im Königreich niederzulassen gedenken*[134]. In Stadtamhof produzierte er sehr viele Uhren, die in vielen Museen und Privatsammlungen zu finden sind. Er starb dort am 24.10.1849[134].

Werke:

Taschenuhr, sign. *Riel*, Friedberg, Heimatmuseum, Inv.Nr. 1988/340. Taschenuhr, sign. *Johann Riel in Stadtamhoff*, Friedberg, Heimatmuseum, Inv. Nr. 1989/144.
Taschenuhr, Verkaufskatalog Lukas Stolberg, Graz, Herbst 1988, Nr. XXX.
Kutschenuhr, Auktion Neumeister, München, Nr. 263 vom 18.9.1991. Nr. 66.
Taschenuhr, Budapest, Kunstgewerbemuseum, Inv. Nr. 54.122.

Roll, Georg, kam auf seiner Wanderschaft 1565 oder 1566 nach Friedberg und arbeitete dort als Geselle zwölf Jahre lang. Gegen alle Zunftgesetze eröffnete er eine Werkstatt und beschäftigte sogar Gesellen. Er wurde protegiert von den Herzögen Albrecht V. und Wilhelm V. in München, die immer wieder das Friedberger Schloß besuchten und Roll in Friedberg gleichsam als Hofuhrmacher schätzten. Roll konnte sich in Friedberg halten, weil er auf seinen Geschäftsreisen auch Erzeugnisse Friedberger Uhrmacher verkaufte. Er suchte 1578 in Augsburg mit Erfolg um das Bürgerrecht nach und schuf dort zwischen 1584 und 1589 zusammen mit Johann Reinhold uhrwerksangetriebene Himmelsgloben. Roll stellte in Friedberg sicherlich tragbare Uhren her, die er auf seinen Handelsreisen leicht befördern konnte, doch es sind davon keine Erzeugnisse bekannt[135].

Werke:

Himmelsgloben in:
London, Victoria & Albert Museum, 1584,
Wien, Kunsthistorisches Museum, 1584,
Dresden, Staatl. Math.-Physikalischer Salon, 1586,
Neapel, Osservatore Astronomico, 1586,
Paris, Conservatoire des Arts et Metiers, 1588.

Rummel, Augustin, wurde in den 60iger Jahren des 17. Jahrhunderts in Harthausen geboren[136] und heiratete am 11.8.1687 nach Friedberg. Er starb dort am 11.2.1706 als Ratsherr und Kleinuhrmacher[137].

Werke:

Taschenuhr mit emailliertem Gehäuse, sign. *Augustin Rummel und Les frères Huaut*, Stuttgart, Württembergisches Landesmuseum, Inv. Nr. 1968/118.
Taschenuhren, Paris, Louvre, Inv. Nrn. OA 8407 u. OA 8447 (mit emailliertem Gehäuse, sign. *Les frères Huaut*).

Rummel, Johann Baptist, wurde als Sohn des Kleinuhrmachers Augustin Rummel am 21.5.1689 in Friedberg geboren und starb dort am 24.2.1760[138].

Werke:

Kutschenuhr, sign. *Baptista Rummell Fridtberg*, Biedenkopf, Privatbesitz (Auktion Sotheby's Zürich, 21.11.1990, Nr. 11).

Rummel, Johann, nicht identisch mit Johann Baptist oder Johann Rummel in Graz, wird am 22.11.1761 in das Meisterbuch der bürgerlichen Kleinuhrmacher in Pest aufgenommen, *incorporiert gegen Erlag 10 Holländer.... als Klein Uhrmacher weillen es gut befunden worden, von einem löblichen Stadt Magistrat wie dessen Bittschrift weiset*[139]. Über seine Herkunft ist nichts verzeichnet.

Werke:

Stutzuhr, Budapest, Ungar. Nationalmuseum, Inv. Nr. 1964.20.

Rummel, Johann (sen.), Kleinuhrmacher von Friedberg, heiratete am 24.11.1776 in Graz die Tochter des Kleinuhrmachers Joseph Endres, Katharina. Er wurde am 22.12.1776 von dem Handwerk der Kleinuhrmacher als Meister aufgenommen und zahlte 100 Gulden. In den Jahren 1791 und

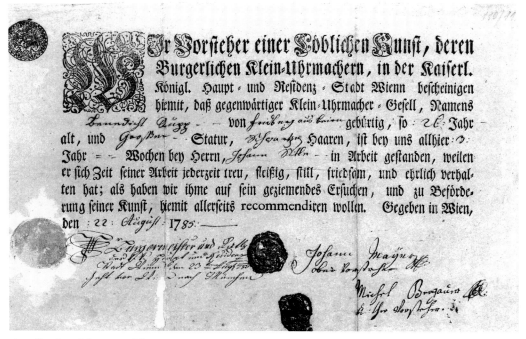

Gesellenbrief des Benedikt Rupp, Wien, 22. 8. 1785

Benedikt Rupp, 1783

180 4 war er Vorsteher der Zunft und verstarb 78jährig am 25.8.1826 in der Dompfarrei von Graz. Sein Sohn Johann übernahm seine Werkstatt schon 1812 und wurde Meister[140].

Rupp, Benedikt, wurde ca. 1760 in Friedberg geboren und arbeitete auf seiner Wanderschaft in Wien drei Jahre lang bei Johann Sittle. Auf seiner Wanderung zurück nach Friedberg hielt er sich noch in München auf[141]. Er heiratete am 18.4.1787 die Friedberger Meisterstochter Victoria Wörle[142]. Am 7.2.1806 wird er in Friedberg erwähnt, ein Sterbedatum ist hier nicht vorhanden[143].
Scherenschnitte, von Benedikt Rupp, Uhrmacher, 1783, im Heimatmuseum Friedberg, Inv. Nrn. 224 a, b. - Lehrbrief s. Anm.[141].

Rupp, Benedikt, jun., wurde als Benedikt Adam am 12.1.1793 in Friedberg geboren und am 20.7.1821 in Was-

serburg am Inn als Bürger aufgenommen. Er heiratete am 2.8.1821 die dortige Uhrmacherstochter Anna Naeher und übernahm das Geschäft in der Salzenderzeile. Aus drei Ehen gingen mehrere Uhrmacher hervor. Der Jüngste, Anton Ruepp wurde 1864 geboren und am 21.12.1900 als Bürger in Wasserburg aufgenommen. Die Familie und das Geschäft der Ruepp besteht noch heute in Wasserburg, Färbergasse 1[144].

Werke:
Spindeltaschenuhr, sign. *Benedict Ruepp in Wasserburg (Inn)*, Prien, Privatbesitz.

Schaller, Balthasar, wurde am 8.1.1662 in Friedberg geboren und heiratete am 10.6.1687 die Uhrmacherswitwe Anna Maria Böckh (Beck, Böck). Trauzeugen waren die Uhrmacher Ignatius Stainhart und Christianus Engelschalck. Unter seinen elf Kindern waren zwei Knaben: Balthasar und Antonius[145]. Er war im Jahr 1704 zusammen mit dem Kleinuhrmacher Augustin Rummel im Spanischen Erbfolgekrieg Geisel der Engländer[146]. Er bekleidete das Amt eines Ratsherren und Bürgermeisters von 1721 bis 1741. Am 19.7.1747 starb er[147].

Werke:
Taschenuhr, sign. *Balthasar Schaller*, Friedberg, Heimatmuseum, Inv. Nr. 1982/33.
Taschenuhr, Wien, Uhrenmuseum, Inv. Nr. U I Nr. 2245.
Taschenuhren, Basel, Historisches Museum, Inv. Nrn. 1919.333 u. 1919.134.
Sechseckige Tischuhr, sign. *Rellahel*, Augsburg, Privatbesitz.
Taschenuhr, sign. *Balthaser Schaller fecit*, München, Privatbesitz.

Schenk, Jacob, Kleinuhrmachergeselle aus Augsburg, beantragte am 19.4.1788 das Bürgerrecht beim Landgericht Friedberg unter Hinweis auf sein verfertigtes Meisterstück, eine Friedberger Bürgerstochter zu heiraten und deren Behausung zu übernehmen[148]. Er starb am 6.9.1793/4 in Friedberg[149].

Werke:
Taschenuhr, Stadt Aichach.
Taschenuhr, Aichach, Privatbesitz.

Scherer, Sebastian, wird bei seinem Sterbeeintrag am 10.1.1710 als *honestus* (=ehrenwerter) *Seb. Scherer, Uhrmacher,* bezeichnet[150].

Schmidt, Johannes, Sohn des Ignatz Schmidt, *Oberer Torwart* in Friedberg, war Großuhrmacher. Am 31.8.1793 bat er für sich und sein Eheweib Anna, eine hiesige Bürgerstocher, um das Bürgerrecht. Ihnen wurde bescheinigt, daß *sie sich aus ihrem Torwartdienst hinlänglich ernähren können, sich gut betragen und die Tax bezahlt haben. An Vermögen besäßen sie nichts*[151].

Schreiner, Mathias, geboren 1662, heiratete am 19.8.1726 Maria Anna Brosy. Zeugen waren Dominus Benedictus Fürstenfelder und Johann Paul Brosy, Uhrmacher[152]. Im Jahre 1736 ist von einem Vergleich zwischen Mathias Schreiner wider Jacoben Strixner zu lesen wegen zweier abgegebener Uhren zu 270 Gulden. Sie einigten sich, daß Strixner innerhalb von drei Monaten bezahlen solle[153].

Werke:
Taschenuhr, sign. *M. Schreiner Fridberg 470,* Friedberg, Heimatmuseum, Inv. Nr. 1985/21.
Taschenuhr mit Schlagwerk, sign. *Schreiner London,* Friedberg, Heimatmuseum, Inv. Nr. 1988/69 (Auktion Dr. Crott und Schmelzer, XXXVI, Frankfurt a.M., 30.4.1988, Nr. 86).
Kutschenuhr, sign. *Mathias Schreiner Fridberg.* Wiedergabe auf einem Foto, die Herkunft ist unbekannt. Die Gehäuserückseite zeigt eine Jagdszene mit Reiter und Hirsch. Auf der Fotorückseite steht: *the Queens travelling watch, Rosenberg 6409.* Foto Beck.

Schreiner, Karl Mathias, geboren am 28.1.1730 als Sohn des Kleinuhrmachers Mathias Schreiner, heiratete am 30.12.1762 nach Vollendung seines Meisterstücks die Jungfer Maria Anna Niderlender. Zeugen waren: Dominus Augustinus Niggl, Goldschmied, Senator, und Franciscus Heckl, Uhrmacher. Er starb am 10.3.1782[154]. Am 14.8.1781 war er zusammen mit dem Kleinuhrmachermeister Sebastian Wolf Zunft- und Viermeister[155].

Seitz, Elias, wurde am 12.7.1688 in Friedberg geboren und heiratete am 13.7.1734 Maria Anna Fürstenfelder (geb. 1713), Tochter von Benedikt Fürstenfelder und starb am 20.9.1742 als Kleinuhrmacher in Friedberg[156].

Werke:
Kutschenuhr, Bad Nauheim, Privatbesitz (Auktion Dr. Crott, Frankfurt a. M., 10.12.1988, Nr. 204).
Fragment einer Taschenuhr, Österreich, Privatbesitz.

Seitz, Johann (Nepomuk), Sohn des Elias Seitz und der Anna Maria, wurde am 9.4.1738 geboren[157]. Er erbat am

10.7.1773 als Friedberger Bürgerssohn und Kleinuhrmacher das Bürgerrecht; er war mit eigenem Haus versehen[158], heiratete am 19.7.1773 Maria Anna Sigl und verstarb am 3.3.1780 in Friedberg[159].

Singer, Johann Christoph, geboren in Höfen in Tirol, bat als Kleinuhrmacher für sich und sein Eheweib Katharina Heckl, bürgerliche Kleinuhrmacherstochter in Friedberg, am 31.3.1796 um das Bürgerrecht[160]. Er starb am 16.7.1843 als Witwer, Uhrmacher und Spitaler 68jährig in Friedberg[161]. Er muß demnach ca. 1775 geboren sein.

Werke:
Taschenuhren in Friedberg, Heimatmuseum, Inv. Nrn. 560 und 668.
Taschenuhrwerke, Friedberg, Heimatmuseum, Inv. Nrn. 561 und 562.

Spiegel, Joseph, seiner Profession Kleinuhrmachergeselle von Arnach, der Grafschaft Wolfsegg in Schwaben gebürtig, bat am 9.6.1736 um das Bürgerrecht in Friedberg[162]. Bei der Geburt des Sohnes Johann Sebastian im Jahre 1737 wird seine Ehefrau Maria Anna genannt. Pate war der Uhrmacher Sebastian Petz. Bei seiner Hochzeit am 9.7.1736 wurde Joseph Spiegel als Uhrmacher aus Arnach bei Memmingen bezeichnet, und seine Frau, Maria Anna Möll (wohl Mahl), erwähnt. Trauzeugen waren die Friedberger Uhrmacher Johannes Heckel, Conradus Heckel und Jacobus Strixner. Joseph Spiegel verstarb am 18.3.1760[163]. Er hat seine Uhren nie mit Joseph Spiegel signiert, sondern mit dem rückwärts gelesenen Nachnamen: *Legeips,* oder auf französisch: *Miroir.* Als Ortsangaben sind Augsburg, London und Paris zu nennen. Von ihm sind bisher außer einer sechseckigen Tischuhr nur Kutschenuhren bekannt.

Werke:
Kutschenuhr, sign. *Jos. Legeips 360 London,* Leipzig, Privatbesitz.
Kutschenuhr, sign. *Jos. Legeips London,* in Auktionskatalog Christie's, New York, 29.10.1990, Nr. 64.
Kutschenuhr, sign. *Jos. Legeips London 403,* Friedberg,

Heimatmuseum, Inv. Nr. 1986/72.
Kutschenuhr, sign. *Jo Legeips London,* London, The British Museum, Inv. Nr. MLA 1888.1201.256.
Kutschenuhr, sign. *Miroir London,* Gehäuse sign. *C. F. Winter L.,* in Auktionskatalog Antiquorum, Genf, XXIX vom 25.5.1981, dann in den Auktionskatalogen Christie's, Genf, vom 10.5.1983, Nr. 89, S. 31 und Sotheby's, New York, am 17.6.1985, Nr. 377, dann bei Dr. Crott und Schmelzer, Aachen, am 29.11.1986, Nr. 185, und 1988 im Besitz von Dr. Eugen Gschwind, Basel.
Kutschenuhr, sign. *J. Miroir à Paris No. 643,* Gehäuse sign. *J.B.L.,* in Auktionskatalog Christie's, New York, 24.10.1983, Nr. 66.
Kutschenuhr, sign. *Miroir IN Paris,* in Auktionskatalog Habsburg-Feldmann, Hongkong, vom 23.5.1988, Nr. 44/99.
Kutschenuhr, sign. *Miroir London,* erwähnt in der Zeitschrift UHREN, 1.2.1990 S. 53/54: Bewaffneter Raubüberfall in der Nähe von Brescia bei einem Antiquitätenhändler.
Kutschenuhr, sign. *Joseph Miroir London,* Genf, Musée de l'horlogerie et de l'émaillerie, Inv. Nr. 1122.
Kutschenuhr für den islamischen Markt, sign. *Miroir London,* in Auktionskatalog Patrizzi 50, Genf, 12.10.1986, Nr. 203.
Kutschenuhr, sign. *Miruar London,* Auktionskatalog Patrizzi 29, Hong-Kong, 25.5.1981.
Kutschenuhr, sign. *Joseph Miroir à Paris,* in Budapest, Kunstgewerbemuseum, Inv. Nr. 53.948.
Kutschenuhr, sign. *Miroir Londra,* Mailand, Museo Leonardo da Vinci, Katalog Nr. 149.
Kutschenuhr, sign. *Joseph Miroir London,* New Jersey, USA, Newark Museum, Nr. 16,17.
Kutschenuhr, sign. *J. Mirior Augsburg,* in Katalog The John Gershom Parkington Memorial Collection, Nr. 109.
Kutschenuhr, sign. *Miroir Paris,* Wien, Uhrenmuseum, Inv. Nr. U/Nr. 2477.
Sechseckige Tischuhr, sign. *Miroir London,* Seifhennersdorf, Sammlung Landrock, Inv. Nr. N 11/195.

Stadler, Sebastian, von Wulfertshausen lernte in Friedberg[164]. Er wurde am 26.12.1763 als Geselle in Graz eingeschrieben[165]. Am 26.10.1771 bat er in Friedberg um das Bürgerrecht und heiratete[166].

Steinhart, Johannes, Kleinuhrmacher, heiratete am 9.7.1641 und starb am 22.10.1681 in Friedberg[167].

Steinhart, Ignaz, wurde in Friedberg 1648 geboren, heiratete 1671 und starb dort im Jahre 1710[168].

Steinhart, (Johann) Ferdinand, wurde in Friedberg als Sohn des Kleinuhrmachers Ignaz Steinhart am 27.8.1679 geboren und war mit einer Franziska verheiratet. Er war 1701 Bürgermeister. Bei der Geburt seines Sohnes Ferdinand am 23.5.1683 war der Uhrmacher Johann Georg Engelschalck Pate. Johann Ferdinand Steinhart starb 1724 in Friedberg[169].

Steinhart, Johann Georg, Meistersohn, wurde im Jahre 1682 in Friedberg geboren. Sein Vater war Ignaz Steinhart. Als Kleinuhrmachergeselle schrieb er sich am 22.4.1714 in Graz ein und heiratete am 23.4.1714 Katharina Staub in der St. Leonhard-Pfarrei dort. Er kaufte sich am 12.3.1716 um neun Gulden als Meister ein mit der Kondition, daß er *zu Leoben kann verbleiben und sein Stickl brodt suchen*[170].

Steinhart, Anton, war ebenfalls ein Sohn des Uhrmachers Ignaz Steinhart. Er wurde am 10.9.1706 geboren, heiratete am 23.4.1725 und starb als Senator und Uhrmacher am 20.12.1767 in Friedberg[171].

Steinhart, Sebastian, wurde bei seinem Sterbeeintrag am 21.5.1741 als *Dominus*, als Herr, und Mitglied des Äußeren Rats bezeichnet. Er war Kirchenprobst von St. Stephan[172].

Steinhart, Joseph, Kleinuhrmachersohn, wurde 1732 als *lediger Uhrmachergesell* bzw. am 19.4.1759 als lediger Bürger bezeichnet[173]. Als *würckhlicher Stuckmaister der Kleinuhrmacher in Friedberg* bewarb er sich 1759 um die Erteilung des Bürgerrechts und Verehelichung mit einer Bürgerstochter, um sich als Bürger ansässig zu machen[174].

Steinhart, Georg Anton, bürgerlicher Kleinuhrmacherssohn, bat am 25.6.1792, nach Verfertigung des Meisterstücks, für sich und sein angehendes Eheweib, Klara Baumann, Strumpfwirkerstochter aus Friedberg, um das hiesige Bürgerrecht[175].

Strauß, Johann, Kleinuhrmacher und *anhero gewester Stuckmeister*, bewarb sich im Jahre 1735 um das Bürgerrecht, *weil er die Jungfrau Maria Anna, des ehrenwerten Herrn Johann Heckl, des Inneren Raths, Bürger- und Kleinuhrmacher, und der Maria Anna, dessen Ehewürthin Tochter, ehelichen werde,* die er dann im selben Jahr heiratete[176]. Er starb am 26.6.1790 in Friedberg[177].

Strixner, Jakob, wurde am 26.6.1699 geboren, heiratete am 29.10.1725 Maria Sackher und am 15.10.1743 als Witwer eine Cäcilia. Er starb am 28.7.1770 in Friedberg[178]. Er hatte drei Söhne, die Uhrmacher wurden: Franz Borgias (1745-1818), Andreas (1751-1830) und Johann Jakob (1755-1814).

Strixner, Franz (Borgias), wurde am 10.10.1745 als Sohn des Jakob und der Maria Cäcilia geboren und heiratete am 12.5.1777. Trauzeuge war der Kleinuhrmacher Sebastian Baumann. Franz Borgias Strixner starb am 8.9.1818 als Witwer[179].

Werke:

Stutzuhr, braunes Kirschbaumgehäuse, sign. *Franz Strixner Fridberg,* auf dem Zifferblatt oberhalb des Ziffernrings, Freiburg, Privatbesitz.

Strixner, Andreas, wurde am 3.11.1751 als Sohn des Jakob Strixner und der Cäcilia geboren, er heiratete am 13.11.1780 Maria Anna, Tochter des Kleinuhrmachers Johann Adam Ruepp, und starb im Jahre 1830[180]. Andreas Strixner bat als hiesiger Kleinuhrmachersohn am 8.11.1780 um Aufnahme als Bürger und Kleinuhrmacher. Er kaufte am 17.11.1780 eine bürgerliche Behausung und besaß *auch übrigens in seiner Profession sonderbare Geschicklichkeit und vorzügliche Kenntnisse*[181]. Er erhielt ein

Preis-Diplom, ausgestellt vom Ausschuß des Polytechnischen-Vereins des Oberdonaukreises *zur Aufmunterung wegen einer Taschenuhr von Buxbaumholz*, Augsburg den 27. September 1829 (Friedberg, Heimatmuseum, Inv. Nr. 1986/482).

Werke:
Taschenuhr mit Schlagwerk und Datumsanzeige, sign. *Strixner Friedberg*, Friedberg, Heimatmuseum, Inv. Nr. 1989/54 (Auktion Klöter, 11.6.1988, Nr. 423).
Taschenuhr, sign. *Andreas Strixner in Friedberg No. 633*, Friedberg, Heimatmuseum, Inv. Nr. 1984/184.
Taschenuhr, sign. *Andreas Strixner in Friedberg Nr. 773* auf dem Sprungdeckel, Friedberg, Heimatmus., Inv. Nr. 563.
Taschenuhr, sign. *Les frères Strixner Fridberg*, Friedberg, Heimatmuseum, Inv. Nr. 1989/298.
Taschenuhr mit Übergehäuse, sign. *Strixner Friedberg*, Friedberg, Heimatmuseum, Inv. Nr. 1989/297.
Taschenuhrwerk, sign. *Andr. Strixner in Friedberg Nr. 756*, Friedberg, Heimatmuseum, Inv. Nr. L 73 (Leihgabe).
Taschenuhrwerk, sign. *Les frères Strixner*, Friedberg, Heimatmuseum, Leihgabe.
Taschenuhr, sign. *Andr. Strixner in Friedberg*, Friedberg, Privatbesitz.
Bodenstanduhr, Zifferblatt sign. *Andreas Strixner in Friedberg*, Friedberg, Heimatmuseum, Inv. Nr. 496.
Bodenstanduhr, Graz, Joanneum.
Emaillzifferblatt, sign. *Andreas Strixner in Friedberg*, Friedberg, Heimatmuseum, Inv. Nr. 610.
Taschenuhr, sign. *Strixner Friedberg*, Budapest, Kunstgewerbemuseum, Inv. Nr. 54.116.
Uhrwerk mit Zifferblatt in Stockknauf, sign. *Strixner London*, Stuttgart, Württembergisches Landesmuseum, Inv. Nr. 833.

Strixner, (Johann) Jakob, wurde am 6.11.1755 als Sohn des Jakob Strixner und der Cäcilia in Friedberg geboren. Er bat am 15.3.1789 um Aufnahme als Bürger, heiratete am 26.5. des gleichen Jahres Regina Elbl, Tochter des hiesigen Kleinuhrmachers Michael Elbl und fertigte sein Meister-

Friedberger Uhrmacher, Anfang 19. Jh.

stück. Zur Stadtkammer bezahlte er als Bürgerssohn nur den Feuerkübel[182].

Treffler, Caspar, wurde am 7.4.1731 in einer Klage gegen Johann Georg Kornmann, des Inneren Rats Bürger und Kleinuhrmacher in Friedberg erstmals als Bürger und Kleinuhrmacher und am 3.4.1734 als Zeuge bei einem Vergleich zwischen Benedikt Fürstenfelder und dem Stadtboten wegen *ruiniert costbahren Minaturgemälles* (Miniaturgemäldes) erwähnt[183]. Er starb am 14.2.1743 in Friedberg[184].

Werke:
Kutschenuhr, sign. *Caspar Treffler fecit in Fridtberg*, Frankfurt a. M.,
Museum für Kunsthandwerk, Inv. Nr. St. 91. Anfang der 1970iger Jahre bei Einbruch gestohlen.

Treffler, Sebastian, wurde in Friedberg im Jahr 1714 geboren, heiratete 1743 und 1760 in Prag und ließ sich 1754 als Bürger in der Prager Altstadt einschreiben[185]. Er lebte dort bis zu seinem Tod 1791[186].

Werke:
Taschenuhr, sign. *Sebastian Treffler Prag 381*, Prag, Nationalmuseum, Inv. Nr. 29014.
Mehrere Taschenuhren im Nationalmuseum und im Technischen Museum Prag.

Treibler, Johann, heiratete in Friedberg am 10.10.1644 Helene Graf, Müllerstochter von Dachau. Zeuge war der Kleinuhrmacher Johann Steinhart. Johann Treibler starb am 30.10.1682[187].

Werke:
Taschenuhr, sign. *Johannes Treibler*, Stuttgart, Württembergisches Landesmuseum, Inv. Nr. 1927/179.
Tischuhr, Heronsbrunnen, sign. *Joannes Treibler In Fridberg*, Wien, Kunsthistorisches Museum, Inv. Nr. 843.

Treibler, Johann Christian, Sohn des Uhrmachers Johann Treibler wurde am 22.2.1651 geboren und heiratete am 16.5.1678 als Uhrmacher die *virtuosa M. Euphrosina Wöstner*[188].

Werke:
Taschenuhr, sign. *Johann Christian Treibler fecit*, Katalog der Uhrensammlung Dr. Antoine Feill (1855-1922, publiziert von Konrad Hüseler) Hamburg, Museum für Kunst und Gewerbe 1929 Nr. 20.

Wagner, Johann Georg, wurde am 18.3.1714 in Mühlhausen geboren[189], heiratete am 21.6..1746 in Friedberg und starb dort am 4.1.1791[190].

Werke:
Kutschenuhr, sign. *J. G. RENGAW London*, Katalog Ineichen 61, Nr. 75, Abb. Tafel 16.

Widmann, Michael, wurde um 1770 geboren, heiratete am 28.4.1800 und starb als Witwer am 21.9.1848[191].

Werke:
Taschenuhr mit Übergehäuse, sign. *Michael Wiedman in Friedberg*, Friedberg, Heimatmuseum, Inv. Nr. 564.

Wöhrle, Joseph, aus Augsburg, heiratete am 12.10.1721 nach Friedberg, wo er am 6.4.1761 verstarb[192]. Er wurde in Friedberg geschätzt, was aus einem Vergleich vom 3.3.1731 hervorgeht: *Vergleich zwischen dem Ehrengeachten und Kunstreichen Johann Niggl, Bürger und Goltschmidt zu Friedberg, Klägers an einen ... auch Ehrengeachten und Kunstreichen Josefen Wöhrle, Bürger und Kleinuhrmacher derorthen.... 1738 klagt Joseph Wöhrle contra Martin Adalbert Hohenadel wegen 75 Gulden*[193].

Werke:
Kutschenuhr, sign. *Joseph Wöhrle*, Augsburg, Städt. Kunstsammlungen, Inv. Nr. 8342.

Wörle, Johann Michael, Sohn des Johannes Wörrle (Wöhrle) und seiner Ehefrau Afra, wurde am 13.2.1739 in Friedberg geboren[194]. Er lernte hier das Kleinuhrmacherhandwerk und wurde als Geselle am 23.11.1766 in Graz eingeschrieben[195].

Wörle, Johannes, Sohn des Kleinuhrmachers Theodor Wörle und seiner Ehefrau Catharina, heiratete am 25.4.1785 Afra Speth. Er übernahm die elterliche Behausung. Ein Wörle Johann starb am 17.9.1820 als Uhrmacher, 66jährig (wohl identisch)[196].

Wolf, Sebastian, ein Friedberger Bürgerssohn, heiratete am 25.6.1763 als Stuckmeister der Kleinuhrmacher, eine hiesige Kleinuhrmacherstocher und starb 70jährig am 10.1.1798 als Uhrmacher und Senator[197].

Ysorb, siehe Brosy.

Zeidlmayr, Vitus, heiratete am 13.7.1701 nach Friedberg. Als Witwer heiratete er am 19.4.1706 ein zweites Mal. Er war Mitglied im Äußeren Rat und starb als Kleinuhrmacher am 29.5.1720[198].

Zeidlmayr, Andreas, Der Sohn von Vitus Zeidlmayr, heiratete am 30.5.1724 in Friedberg und starb hier am 7.9.1728. Am 28.6.1732 erschien seine Witwe Maria vor dem Rat der Stadt, um sich mit Martin Glenck, Bürger und Kleinuhrmacher zu verehelichen[199].

Zeidlmayr, Joseph, verwitweter bürgerlicher Kleinuhrmacher von Friedberg, bat am 24.1.1793 für sein zweites Eheweib Josepha aus Rayn (=Rain am Lech) um das hiesige Bürgerrecht[200]. Joseph Zeidlmayr starb am 27.2.1818, 77jährig, in Friedberg[201].

Zwack, Johann Georg, von *Schönnthal* in der Oberpfalz geboren, hatte seinen Dienst in München aufgegeben und bat am 23.2.1797 als Kleinuhrmachergeselle, nach drei Losungsjahren in Friedberg das gewöhnliche Meisterstück machen zu dürfen, um als Meister in Friedberg aufgenommen zu werden. Er äußerte sein Absicht, die Ursula Glenck, hiesige bürgerliche Weinwirts- und Kleinuhrmacherstochter 1797, zu heiraten. Von der Meisterschaft war er bereits als Meister aufgenommen worden. Durch seine Heirat hatte er *die bürgerliche Wohnbehausung samt Weinwirt-Gerechtigkeit* am 22.11.1797 übernommen[202].

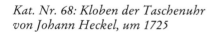

Kat. Nr. 68: Kloben der Taschenuhr von Johann Heckel, um 1725

ANHANG

ANMERKUNGEN ZUM KAPITEL GESCHICHTE

1 Den Ausführungen liegen Forschungen zu Grunde, die Dr. Hubert Raab in seinem Artikel, Friedberg, Geschichte im Mittelalter und Neuzeit, in: Stadtbuch Friedberg, Bd. 1, Friedberg 1991, S. 108ff. veröffentlicht hat.

2 Nach Aufzeichnungen Otto Kliebers, 1583: Kriegsordnung der Landwehr: beteiligt waren i: Spielleute: Georg Miller, Uhrmacher, in: Friedberger Heimatblätter 1938, Nr. 2, S. 5.

3 Bobinger, S. 29ff.

4 StadtAFdb, Ratsprotokoll Friedberg von 1598.

5 Wiguläus Kreittmayr und seine Söhne, s. Adelheid Riolini-Unger, Friedberger Uhren aus vier Jahrhunderten, in: Stadtbuch Friedberg, Bd. 2, S. 632ff. – Matthias Gail, geb. 1633.

6 StadtAA, UII, Brief vom 15. 10. 1648.

7 Franz Khreithmaier (1670 – 1714).

8 Groiss, S. 65.

9 Einschreibbuch des Philipp Happacher, 1746ff, Friedberg Heimatmuseum, Inv. Nr. V 9.

10 Weinmayr, E., Biblische Sack-Uhr… verfertigt in der Uhrmacher-Herberg Fridberg, Augsburg J. B. Burckart 1768

11 Johann Dorn: Der Niedergang des Kleinuhrmacherhandwerks in Friedberg, in: FHBl. 1929/1.

12 Der Kleinuhrmacher Heinrich Glenck möchte als Bürger und Weinwirth im Jahr 1790 aufgenommen werden (Bayer HStA GL 1068/67). – Johann Glengg, Uhrmacher und Kalkbrenner sowie Ratsherr, stirbt im Jahre 1806. – Johann Heckl war Uhrmacher und Kaffeewirt. Er starb am 5. 1. 1852. – Jos. Sebastian Mayr starb als Uhrmacher und Gastwirt im Jahr 1898, nur 49jährig. Im Jahre 1731 wird Josef Purkhart als Kleinuhrmacher und Weinwirt erwähnt.

13 Maurice I, S. 70.

14 Groiss, S. 64.

15 Luber, S. 2.

16 Siehe Anm. 4.

17 BayHStA, GR Fasc. 871.

18 StadtAFdb, Handwercks Ordnungs Abschrift eines Ehrsamen Handtwercks der Clain- und Grossen Uhrmacher in der churfürstl: Statt Fridtberg.

19 Frimbwerk = Auftragswerk, s. J. Andreas Schmeller, Bayer. Wörterbuch. Von G. Karl Frommann bearb. Ausgabe, 2 Bde., München 1872 – 1877 (Nachdruck, Leipzig 1939).

20 Robert Böck, Vom Zunftwesen in Friedberg, in: Stadtbuch Friedberg, Bd. 2, Friedberg 1991, S. 692ff.

21 Siehe Anm. 9 und PfarrAFdb. Taufbuch.

22 Friedberger Heimatmuseum, Inv. Nr. 66.

23 Friedberger Heimatmuseum, Inv. Nr. 67.

24 In der 2. Hälfte des 18. Jahrhunderts sind in Friedberg folgende Federmacher bezeugt: Johann Leim, Georg Michl, Johann Joseph Weiss, Wolfgang Lanz, Georg Weiß. PfarrAFdb.

25 *Kleine Sägl und kleine FeilenMacher:*
Catharina Kottlehnerin verfertiget die allersubtillisten kleinen englischen Sägeln und Feilen. Deren erstere einem kleinen Seidenfaden gleichen, und damit Eisen und Messing, so andere Zieraten und Buchstaben aufs feinste geschnitten werden können. Sägeln werden auch von einigen Uhrmacher-Weibern, und deren Töchtern auf das feinste gemacht. Desgleichen englische Feilen und Federn.
Schacarin oder Zappenblatten Macher:
Maria Anna Handschuechin verfertiget derley Schacarin oder Zappenblatten aus denen Cammellen Häuten, welche zu denen kleinen Sackuhren und schwarzen Ueberfutter-Gehäuse applicirt werden.
Stecher: Car. Präckl sticht vor die klein Uhrmacher die Vorgestech, und Gehäuse, auch so andere Stecharbeit.
Uhrkettl Macherin: Catharina Breyrin klein Uhrmacherin, verfertiget in die Felduhren die Ketteln.
Kleine Sackuhrschlüsselmacher: Andreas Handschuecher, Andreas Vals, Anna Beringerin, Wittwe, Catharina Schallerin, ledig.
(Franz Kohlbrenner, Addreß- Kunst- und Handwerkskalender für das Jahr 1769, München)

26 Johanna Schmid stellte aus freier Hand Uhrzeiger, Kloben und Stellungen her und bezeichnet dies als freie Kunst. Auch die Stadtmaurermeisterin Singerin habe als Uhrmachertochter dergleichen Zeiger und Kloben fabriziert (gest. vor 1778). StadtAA, Uhren IV, 1751 – 1800.

27 Siehe Anm. 10

28 BaySStA, GL Fasc. 1095, Protokoll des Bürgermeisters Zettler vom 14. 8. 1781

29 Bevorzugt waren die österreichischen Lande.

30 BayHStA GR Fasc. 830, Tabellarische Auszüge über den Zustand der Handwerke in Friedberg, 1792 in Guldenwert.

31 BayHStA, GL Fasc. 1095/105

32 BayHStA, GL Fasc. 1095/105 Brief vom 7. 2. 1803

33 BayHStA, GL Fasc. 1095 vom 30. 3. 1805

34 Friedberg, Heimatmuseum, Inv. Nr. 1992/1060

[35] Georg Schindler, Die Altbayerischen Uhrmacher zu Friedberg, in: Schriften der „Freunde alter Uhren", Ulm 1970/71.

[36] Siehe Anm. 4

[37] Manfred Ballweg, Bruckmann's Uhren Lexikon, München 1980, S. 142.

[38] Catherine Cardinal, Die Zeit an der Kette, München 1985.

[39] Vgl. Fabienne Xaviere Sturm, Genfer Uhren 1630 – 1720, Basel 1978, Nr. 2 und 22.

[40] Maurice I, S. 95.

[41] Maurice I, S. 233.

[42] Hans Boeckh, Emailmalerei auf Genfer Taschenuhren vom 17. bis zum beginnenden 19. Jahrhundert, Freiburg im Breisgau 1982, Tafel 18, Abb. 44 und S. 94, 95.

[43] Basel, Historisches Museum, Sammlung E. Gschwind, Inv. Nr. G 194.

[44] Mitglieder der Goldschmiedefamilien Niggl und Ernst. Das Thema bedarf einer eingehenden Beschäftigung, die noch aussteht.

[45] Einschreibbuch des Philipp Happacher.

[46] PfarrAFdb. Sterbebuch.

[47] Vergleiche Auktionskatalog Sotheby's, London vom 30. 5. 1991, Nr. 29, Nikolaus Delle, Augsburg. A Rare Combined Silver Verge Watch and Universal Equatorial Dial, circa 1740.

ANMERKUNGEN ZUM KAPITEL BIOGRAPHIEN

[1] StAM, Briefprotokolle d. kf. Landgerichts Friedberg für 1758: Geburtsbrief: am 27. 5. 1758 erschien der ehrbare Sebastian Paumann von Hädersried gebürtig...um sich häuslich niederzulassen. Sein Vater, Andreas Paumann, gewester Halbpauer daselbst und Clara, sein Eheweib seelig, war vor 40 Jahren in Odelshausen copuliert worden.

[2] Einschreibbuch der fremden Gesellen in Graz 1741-75: 1752.

[3] Pfarrarchiv Friedberg, Hochzeitsbuch: am 19.6.1758 heiratet Honestus Sebastianus Bauman, horologiarius solutus de hedersried et Maria Barbara Mahlen, soluta de Friedberg. Testes: Josephus Spiegl et Jacobus Strixner, horographi omnes de Fridberg.

[4] Pfarrarchiv Friedberg, Sterbebuch: 4.12.1805 Sebastian Baumann, Kleinuhrmacher.

[5] Jerzy Szablowski, Kunstschätze des Königsschlosses Wawel Krakau 1992, Katalognummern 86-87 mit Abbildungen.

[6] Pfarrarchiv Friedberg, Matrikelbücher; Sterbedatum des Vaters: 2.3.1799, 82jährig.

[7] Pfarrarchiv Friedberg.

[8] Stadtarchiv Friedberg.

[9] BayHStA, GL Fasc. 1068/67 Landgericht Friedberg, Hofkammer Acta, Bürgerrecht.

[10] Pfarrarchiv Friedberg, Matrikelbücher.

[11] Pfarrarchiv Friedberg.

[12] Stadtarchiv Friedberg.

[13] Uhrmacherliste von Hanns Oswald, 1934.

[14] Stadtarchiv Friedberg, Heiratsbrief.

[15] Foto der Kutschenuhr, 1891.

[16] BayHStA, GR Fasc. 1070 Ratsprotokoll Friedberg 1731, p. 43r: Josef Purkhart, Kleinuhrmacher und Weinwürth, und p. 50r: des Äußeren Rats Weinwirt.

[17] Pfarrarchiv Friedberg, Matrikelbücher.

[18] Pfarrarchiv Friedberg, Sterbebuch: 9.1.1689.

[19] Abeler, S. 126.

[20] Pfarrarchiv Ottmaring, Taufbuch.

[21] Pfarrarchiv Friedberg, Hochzeits- und Sterbebuch.

[22] Pfarrarchiv Friedberg, Matrikelbücher.

[23] Stadtarchiv Augsburg, Steuerbuch 1681, S. 67d.

[24] Auskunft Dr. Lubomír Sršen, Nationalmuseum Prag.

[25] Stadtarchiv Augsburg.

[26] Stadtarchiv Augsburg, Nachlaß Bobinger.

[27] Pfarrarchiv Friedberg, Chronik des Pfarrers Erhard (1839), Kirchenbuchauszüge 1635-1851.

[28] Pfarrarchiv Friedberg, Hochzeitsbuch.

[29] Pfarrarchiv Friedberg, Sterbebuch.

[30] Pfarrarchiv Friedberg, Matrikelbücher.

[31] Pfarrarchiv Friedberg, Matrikelbücher.

[32] Stadtarchiv Friedberg.

[33] Pfarrarchiv Aichach.

[34] Pfarrarchiv Friedberg, Matrikelbücher.

[35] Pfarrarchiv Friedberg, Hochzeitsbuch.

[36] BayHStA, Briefprotokoll 1666: Geburtsbrief und Pfarrarchiv Friedberg, Sterbebuch.

[37] BayHStA, GR Fasc. 1070, Ratsprotokolle Friedberg 1732 p. 25v.

[38] Pfarrarchiv Friedberg, Matrikelbücher.

[39] Sterbeverzeichnis der Corporis Christi Bruderschaft, Pfarrarchiv Friedberg.

[40] Diözesanarchiv Augsburg, Taufbuch Kissing, Nr. 3.

[41] BayHStA, GR Fasc. 1070, Ratsprotokolle Friedberg 1733.

[42] Pfarrarchiv Friedberg, Matrikelbücher.

[43] Friedberger Heimatblätter, Dorn, 1929, Heft 1, S. 6 u. 7.

[44] Hans Schmid, Aichach eine Stadt der Uhrmacher, in: Aichacher Zeitung, Weihnachts-Sonderveröffentlichung Nr. 295 am 24-26. Dezember 1986, S. 36.

[45] Pfarrarchiv Friedberg, Geburtsbuch.

[46] Stadtarchiv Budapest.

[47] Pfarrarchiv Friedberg, Matrikelbücher.

[48] BayHStA, GL Fasc. 1068/67, Landgericht, Hofkammer Acta, Bürgerrecht.

[49] Pfarrarchiv Friedberg, Matrikelbücher.

[50] Pfarrarchiv Friedberg, Matrikelbücher.

[51] Tagebuch des Friedberger Kleinuhrmachers Xaver Happacher, Friedberg, Heimatmuseum, Inv. Nr. V10.

[52] Pfarrarchiv Friedberg, Matrikelbücher.

[53] Pfarrarchiv Friedberg, Matrikelbücher.

[54] Abeler, S. 263. Es könnte sich hier um Franz Joseph handeln.

[55] M. Engelmann, aus der Geschichte der Dresdener Uhrmacherei, Erinnerungsgabe zum 50jährigen Jubiläum der Firma Robert Pleissner, Dresden 1924, S. 17.

[56] Pfarrarchiv Friedberg, Matrikelbücher.

[57] Karl Max, Küppers, Zur Postgeschichte in Eurasburg im Paargau 1760-1846 in: Heimatbuch Eurasburg bei Friedberg, Eurasburg, 1930.

[58] Stadtarchiv Augsburg, Nachlaß Bobinger. Im Pfarrarchiv Friedberg kein Geburtseintrag.

59 Pfarrarchiv Friedberg, Matrikelbücher.
60 Stadtarchiv Augsburg, Nachlaß Bobinger.
61 Stadtarchiv Friedberg, Heirats- und Quittungsbrief.
62 Pfarrarchiv Friedberg, Sterbebuch.
63 Pfarrarchiv Friedberg, Geburtsbuch, Kinder ab 1771.
64 BayHStA, GL Fasc. 1068/67, Landgericht Friedberg, Hofkammer Acta, Bürgerrecht.
65 Pfarrarchiv Friedberg, Sterbebuch.
66 BayHStA, GL Fasc. 1068/67 Landgericht Friedberg, Hofkammer Acta, Bürgerrecht.
67 Pfarrarchiv Friedberg, Sterbebuch.
68 Pfarrarchiv Friedberg, Sterbebuch.
69 Lehrbrief vom 8.11.1785, Heimatmuseum Friedberg, Inv. Nr. 110/3.
70 Pfarrarchiv Friedberg, Hochzeitsbuch, Sterbebuch.
71 BayHStA, GL Fasc. 1068/67 Landgericht Friedberg, Hofkammer Acta, Bürgeraufnahme, 23.4.1790.
72 Pfarrarchiv Friedberg, Matrikelbücher.
73 BayHStA, GR Fasc. 1070, Ratsprotokolle der Stadt Friedberg, 1737.
74 BayHStA, GR Fasc. 1070, Ratsprotokoll der Stadt Friedberg, Bd. 1730.
75 Pfarrarchiv Friedberg, Sterbebuch.
76 s. Anm. 73.
77 Pfarrarchiv Friedberg, Geburtsbuch.
78 s. Anm. 73.
79 Stolberg, S. 516.
80 Von Andreas Hochenadl ist eine Wiener Kutschenuhr um 1750 im Märkischen Museum in Berlin erhalten (s. Marina Rutzwurm, Eine Wiener Reiseuhr von Andreas Hochenadl um 1750 und deren Restaurierung, in: Zeitschrift Uhren 4/92, S. 30).
81 Pfarrarchiv Friedberg, Matrikelbücher.
82 Pfarrarchiv Friedberg, Matrikelbücher und Abeler, S. 332.
83 Abeler, S. 332 und Stolberg, S. 125.
84 Pfarrarchiv Friedberg, Matrikelbücher.
85 Stadtarchiv Augsburg, Uhrmacherakt 1608-1699, S. 589 ff. Nachlaß Bobinger, S. 25: Johann Kornmann ist um 1635 geboren und ab 1660 in Friedberg.
86 Hofzahlamtsrechnungen der Residenz, s. Maurice I, S. 135.
87 Pfarrarchiv Friedberg, Matrikelbücher.
88 BayHStA, GR Fasc. 1070, Ratsprotokolle Friedberg Bd. 1731.
89 Stolberg, S. 346.
90 Abeler, S. 362.
91 Abeler, S. 362, Pfarrarchiv Friedberg, Matrikelbücher.
92 defunctus est consultissimus Dominus Elias Kreutmayr Huius invitatis consul et simul Horologiarius......Friedberg, Pfarrarchiv Matrikelbücher.
93 Pfarrarchiv Friedberg, Matrikelbücher.
94 Prag, Bürgerbuch Nr. 539, 174, aus: Karl Fischer, Uhrmacher in Böhmen und Mähren, S. 116, Nr. 78.
95 Pfarrarchiv Friedberg, Taufbuch.
96 Abeler, S. 362.
97 StAM, Gerichts- und Kataster Rechnung Friedberg 1694, p.69r.
98 Prag, Bürgerbuch Nr. 538, 76, aus: Karl Fischer, Uhrmacher in Böhmen und Mähren, S. 115, Nr. 70.
99 BayHStA, GR Fasc. 1070 Ratsprotokoll Friedberg 1737 p.49r.
100 Pfarrarchiv Friedberg, Taufbuch.
101 Katalog des Kunstgewerbemuseums Prag, 1960.
102 Pfarrarchiv Friedberg, Matrikelbücher.
103 Pfarrarchiv Friedberg, Matrikelbücher.
104 Pfarrarchiv Friedberg, Taufbuch.
105 Friedberg, Heimatmuseum, Inv. Nr. 1992/1060.
106 BayHStA, GR Fasc. 1070, Ratsprotokoll Friedberg, 1735, p.4r.
107 Pfarrarchiv Mering, sein Vater Josef, ohne Berufsangabe, stammt aus Bachern. – Heimatmuseum Friedberg, Inv. Nr. 1986/481.
108 Stadtarchiv Budapest, Verzeichnis der wirklich einverleibten bürgerlichen Kleinuhrmacher Meister zu Pesth/Meisterbuch 1761-1858.
109 Stadtarchiv Budapest, s. Anm. 108.
110 Pfarrarchiv Friedberg, Hochzeitsbuch und BayHStA, GL Fasc. 1068/67, Hofkammer Acta, Bürgeraufnahmen.
111 Pfarrarchiv Friedberg, Matrikelbücher und BayHStA, GL Fasc. 1068/67, Hofkammer Acta, Bürgeraufnahmen.
112 Pfarrarchiv Friedberg, Sterbebuch.
113 Pfarrarchiv Paar, Taufbuch Bd. 2 (1743-1761), nicht auffindbar.
114 Pfarrarchiv Friedberg, Todesdatum nicht auffindbar.
115 Pfarrarchiv Friedberg, Matrikelbücher.
116 Stadtarchiv Augsburg, Nachlaß Bobinger.
117 Pfarrarchiv Friedberg, Matrikelbücher.
118 BayHStA, GL Fasc. 1068/67, Landgericht Friedberg, Hofkammer Acta, Bürgerrecht.
119 Pfarrarchiv Friedberg, Matrikelbücher.
120 Pfarrarchiv Friedberg, Matrikelbücher.
121 Stadtarchiv Friedberg, Nr. 39/01.
122 Pfarrarchiv Friedberg, Taufbuch.
123 Pfarrarchiv Friedberg. Kein Hochzeits- und Sterbedatum in

124 Friedberg. Stadtarchiv Augsburg, Nachlaß Bobinger (aus Salzburger Zunftakten).

124 Pfarrarchiv Friedberg, Hochzeitsbuch.

125 Pfarrarchiv Friedberg .

126 Stadtarchiv Augsburg, Gerichtsrechnung des Kurfürstlichen Landgerichts Friedberg, Rapular.

127 BayHStA, GR Fasc. 1070, Briefprotokolle von 1744.

128 Pfarrarchiv Friedberg, Taufbuch.

129 Pfarrarchiv Friedberg, Taufbuch.

130 Pfarrarchiv Friedberg, Matrikelbücher.

131 BayHStA, GL Fasc. 1068, Friedberger Landgericht, Hofkammer Acta Nr. 66, Bürgeraufnahme.

132 Pfarrarchiv Friedberg, Marikelbücher.

133 Pfarrarchiv Friedberg, Matrikelbücher.

134 BayHStA, GL Fasc. 1095/105, Nr. 173 und Bischöfl. Zentralarchiv Regensburg

135 Maximilian Bobinger, Kunstuhrmacher in Alt-Augsburg, Augsburg 1969, Schriftenreihe des Stadtarchivs Augsburg, Band 18.

136 Die Geburtsbücher des zuständigen Pfarrarchivs Paar sind erst ab 1674 erhalten.

137 Pfarrarchiv Friedberg, Heirats- und Sterbebuch.

138 Pfarrarchiv Friedberg, Matrikelbücher.

139 Meisterbuch der bürgerlichen Kleinuhrmacher in Pest, 1761-1858, Budapest, Stadtarchiv.

140 Stolberg, Die Steirischen Uhrmacher, Graz 1979, S. 251, 403, 536.

141 Lehrbrief vom 22.8.1785, in Wien ausgestellt mit dem Hinweis, daß er von hier nach München gehe. Friedberg Heimatmuseum, Inv. Nr. 110/11.

142 BayHStA, GL Fasc. 1068/67 Landgericht Friedberg, Hofkammer Acta, Bürgerrecht.

143 Pfarrarchiv Friedberg, Matrikelbücher.

144 Freundl. Hinweis von H. Karl J. Aß, Prien. Lebensdaten von H. Ferdinand Steffan, Heimatmuseum Wasserburg/Inn.

145 Pfarrarchiv Friedberg, Matrikelbücher.

146 Gebhard Luber, Kronologische Geschichte von Friedberg, 1801, S. 121 aus: Friedbergerische Stadtkammerrechnung vom Jahre 1704.

147 Pfarrarchiv Friedberg, Sterbebuch. Am 29.12.1746 ist zusätzlich der Tod von Balthasarus Schaller horographus hujates (von hier) angegeben.

148 BayHStA, GL 1068/67, Landgericht Friedberg, Hofkammer Acta, Bürgeraufnahme.

149 Pfarrarchiv Friedberg, Sterbebuch.

150 Pfarrarchiv Friedberg, Sterbebuch.

151 BayHStA, GL Fasc. 1068/67, Landgericht Friedberg, Hofkammer Acta, Bürgeraufnahme.

152 Pfarrarchiv Friedberg, Matrikelbücher.

153 BayHStA, GR Fasc. 1070, Ratsprotokoll, Friedberg 1736 p.40v.

154 Pfarrarchiv Friedberg, Matrikelbücher.

155 BayHStA, GL Fasc. 1068, Nr. 66,67.

156 Pfarrarchiv Friedberg, Matrikelbücher.

157 Pfarrarchiv Friedberg, Matrikelbücher.

158 BayHStA, GL Fasc. 1068, Nr. 66, Friedberg Landgericht, Hofkammer Acta, Bürgeraufnahme.

159 Pfarrarchiv Friedberg, Matrikelbücher.

160 BayHStA, GL Fasc. 1068/67, Landgericht Friedberg, Hofkammer Acta, Bürgerrecht.

161 Pfarrarchiv Friedberg, Sterbebuch.

162 BayHStA, GR Fasc. 1070, Ratsprotokolle der Stadt Friedberg 1730-1740.

163 Pfarrarchiv Friedberg, Matrikelbücher.

164 BayHStA, GL Fasc. 1095/105, Protokollerklärung.

165 Stadtarchiv Augsburg, Nachlaß Bobinger.

166 BayHStA, GL Fasc. 1068, Nr. 66, Landgericht Friedberg, Hofkammer Acta, Bürgeraufnahme.

167 Pfarrarchiv Friedberg, Matrikelbücher.

168 Pfarrarchiv Friedberg, Matrikelbücher.

169 Pfarrarchiv Friedberg, Matrikelbücher.

170 Stadtarchiv Augsburg, Nachlaß Bobinger: Graz, Protokoll der Groß- und Kleinuhrmacher, 1647ff.

171 Pfarrarchiv Friedberg, Matrikelbücher.

172 Pfarrarchiv Friedberg, Sterbebuch, und BayHStA, GR Fasc. 1070, Ratsprotokoll der Stadt Friedberg von 1731, p.61r.

173 Ratsprotokoll der Stadt Friedberg 1732, p. 31v.

174 BayHStA, GR Fasc. 1068, Landgericht Friedberg, Hofkammer Acta, Bürgeraufnahmen.

175 BayHStA, GL Fasc. 1068/67, Bürgeraufnahme.

176 BayHStA, GR Fasc. 1070, Ratsprotokoll Friedberg 1735, p. 51r.

177 Pfarrarchiv Friedberg, Matrikelbücher.

178 Pfarrarchiv Friedberg, Matrikelbücher.

179 Pfarrarchiv Friedberg, Matrikelbücher.

180 Pfarrarchiv Friedberg, Matrikelbücher und Verzeichnis der Bruderschaft Corporis Christi im Pfarrarchiv Friedberg, 1775 ff.

181 BayHStA, GL Fasc. 1068/67, Hofkammer Acta, Bürgeraufnahme.

182 BayHStA, GL Fasc. 1068/67, Hofkammer Acta, Bürgeraufnahme.

[183] BayHStA, GR Fasc. 1070, Ratsprotokoll, Friedberg, 1731 p. 18r.

[184] Pfarrarchiv Friedberg, Sterbebuch.

[185] Pfarrarchiv Friedberg und Auskunft in Prag.

[186] Pfarrarchiv Friedberg, Matrikelbücher.

[187] Pfarrarchiv Friedberg, Matrikelbücher.

[188] Pfarrarchiv Friedberg, Matrikelbücher.

[189] Pfarrarchiv Aulzhausen, Taufbuch.

[190] Pfarrarchiv Friedberg, Matrikelbücher.

[191] Pfarrarchiv Friedberg, Matrikelbücher.

[192] Pfarrarchiv Friedberg, Matrikelbücher.

[193] BayHStA, GR Fasc. 1070, Ratsprotokoll, Friedberg, 1731, p. 14 und 1738 p. 44.

[194] Pfarrarchiv Friedberg, Taufbuch.

[195] Stolberg, S. 544.

[196] Pfarrarchiv Friedberg, Matrikelbücher.

[197] BayHStA, GR Fasc. 1068, Landgericht Friedberg, Hofkammer Acta, Nr. 66, Bürgeraufnahme.

[198] Pfarrarchiv Friedberg, Matrikelbücher.

[199] BayHStA, GL Fasc. 1070, Ratsprotokoll Friedberg, 1732 p. 25v.

[200] BayHStA, GL Fasc. 1068/67, Landgericht Friedberg, Hofkammer Acta, Bürgeraufnahme.

[201] Pfarrarchiv Friedberg, Sterbebuch.

[202] BayHStA, GL Fasc. 1068/67, Hofkammer Acta, Bürgeraufnahme.

ABKÜRZUNGSVERZEICHNIS

Abb.	Abbildung(en)
Anm.	Anmerkung
Ausst.	Ausstellung
BNM	Bayer. National-Museum München
BayHStA	Bayerisches Hauptstaatsarchiv München
Bd./Bde.	Band/Bände
Fasc.	Faszikel
Fdb.	Friedberg
FHBl.	Friedberger Heimatblätter
fl	Gulden
GL	Gerichts-Literalien
GR	Gerichts-Rechnungen
hrsg.	herausgegeben
HStA	Hauptstaatsarchiv
Inv. Nr.	Inventarnummer
Jb./Jbb.	Jahrbuch/-bücher
Jh.	Jahrhundert
Kat.	Katalog
Lit.	Literatur
PfarrA (+ Ort)	Pfarrarchiv
RP	Ratsprotokoll
StadtA (+ Ort)	Stadtarchiv
StadtAA	Stadtarchiv Augsburg
StadtAFdb	Stadtarchiv Friedberg
StAM	Staatsarchiv München
StBF	Stadtbuch Friedberg
StSBA	Staats- und Stadtbibliothek Augsburg
Zschr.	Zeitschrift

Abgekürzt zitierte Literatur

Abeler	Abeler, Jürgen, Meister der Uhrmacherkunst, Wuppertal 1977
Baillie	Baillie, G. H., Watchmakers & clockmakers of the world, Volume 1, Colchester, Essex reprint 1988 d. 3. ed.
Bobinger	Bobinger, Maximilian, Kunstuhrmacher in Alt-Augsburg, Schriftenreihe des Stadtarchivs Augsburg Bd. 18, Augsburg 1969
Britten	Britten, Britten's old clockes and watches and their makers, New York 7th ed., 1956
Einschreib-buch Graz	Einschreib-Buch, deren frembden Keßellen wie auch die Einnahm deren Selbig Anno 1741 bis 1775, Graz
Fischer	Fischer, Karl, Die Uhrmacher in Böhmen und Mähren, 1630 – 1850, in: Bohemia-Jahrbuch des Collegium Carolinum 9/1968, S. 105 ff
Fränkel's Uhren-sammlung	N. R. Fränkel's Uhrensammlung, hrsg. von H. Frauberger, Düsseldorf 1913
Friedberger Uhren	Friedberger Uhren, Jubiläumsausstellung aus den Beständen des Museums, Städt. Heimatmuseum Friedberg im Schloß, 22. 10. 1989 – 16. 9. 1990, Friedberg 1989, bearb. von Adelheid Riolini-Unger
Groiss	Groiss, Eva, Das Augsburger Uhrmacher-Handwerk, in: Die Welt als Uhr, Bayer. Nationalmuseum München, 1980
Loomes	Loomes, Brian, Watchmakers & clockmakers of the world, Volume 2, Colchester, Essex, 2nd. ed., 1989
Luber	Luber, Gebhard, Chronologische Geschichte der kurpfalzbairischen Geschichte, Friedberg, 1801
Maurice	Maurice, Klaus, Die deutsche Räderuhr, Bd. I, II, München 1976
Stolberg	Stolberg, Lukas, Die Steirischen Uhrmacher, Graz 1979
Zinner	Zinner, Ernst, Deutsche und niederländische astronomische Instrumente des 11. – 18. Jahrhunderts, 2. erg. Auflage, München 1967, Nachdruck 1972

Fotonachweis (Katalog-Nrn.)

Augsburg, Traudel Bühler, 30
Augsburg, Juliane Backmann, 41, 104, 106, 107, 108, 117, 118, 123, 133, 139, 143
Augsburg, Städt. Kunstsammlungen, 75, 96, 144
Basel, Historisches Museum, M. Babey, 51, 70, 71, 114, 116
Berlin, Psille, 58
Biedenkopf, IWM, Photographie, Ingo W. Meyer, 112
Budapest, Kunstgewerbemuseum, Kolozs Agnes, 79, 80
Budapest, Ungar. Nationalmuseum, 89
Cambridge, The Fitzwilliam Museum, 91
Frankfurt/M., 140
Friedberg Heimatmuseum 8, 14, 15, 17, 18, 22, 23 – 27, 30, 31, 46, 47, 53 – 56, 60 – 62, 64, 68, 82, 83, 93, 94, 97, 113, 155, 128
Furtwangen, Deutsches Uhrenmuseum, 88
Genf, Musée de l'horlogerie et de l'émaillerie, 87, 127
Krakau, E. Rachwat, 16
La-Chaux-de-Fonds, Collections du Musée International d'Horlogerie, 84
London, The British Museum, 19, 21, 23, 32, 69, 77, 81, 124
London, Victoria & Albert Museum, 42, 50, 57, 105
Mailand, Museum Poldi-Pezzoli, 43
München, Th. Tietz, 20
München, BNM, 28, 33, 44, 78
Paris, Réunion des Musées nationaux, 63, 109, 111
Prag, Nationalmuseum, J. Kutova, 35, 126
Prag, Kunstgewerbemuseum, Miloslav Sebek, 85, 92, 95
Schloß Harburg, wohl Klaus Maurice, 39, Repro 40
Seifhennersdorf, H. Landrock, 29, 90, 129
St. Petersburg, Ermitage, 36, 48, 73
Stuttgart, Württembergisches Landesmuseum, 34, 110, 138, 141
Ulm, Deutsches Brotmuseum, 59
Wien, Kunsthistorisches Museum, 86, 142
Winterthur, Michael Speich, 52, 72

Kat. Nr. 27: Spindelbrücke der Kutschenuhr von Heinrich Eckert, um 1760